高中音乐

Music

教学方法创新与实践

宋瑞兰 著

山东教育出版社

图书在版编目（CIP）数据

高中音乐教学方法创新与实践/宋瑞兰著. —济南：山东教育出版社，2018

ISBN 978-7-5701-0205-1

Ⅰ.①高…　Ⅱ.①宋…　Ⅲ.①音乐课—教学研究—高中　Ⅳ.①G633.951.2

中国版本图书馆CIP数据核字（2018）第075983号

GAOZHONG YINYUE JIAOXUE FANGFA CHUANGXIN YU SHIJIAN

高中音乐教学方法创新与实践　　宋瑞兰/著

主管单位：山东出版传媒股份有限公司
出版发行：山东教育出版社
地址：济南市纬一路321号　邮编：250001
电话：（0531）82092664　网址：www.sjs.com.cn
印　　刷：济南万方盛景印刷有限公司
版　　次：2018年8月第1版
印　　次：2018年8月第1次印刷
开　　本：710 mm × 1000 mm　1/16
印　　张：8.25
印　　数：1–3000
字　　数：124千
定　　价：25.00元

作者简介

宋瑞兰，国家级音乐骨干教师、山东省特级教师、山东省优秀艺术教育工作者、青岛市专业技术拔尖人才、青岛市中小学学科带头人。现为青岛第五十八中学音乐教研组长，山东省中小学首位音乐学科正高职教师。其从教36年，积极探索创新，大胆改革实践，形成了独特的音乐教学法。近年来，多篇论文在全国中文核心期刊发表，在音乐教学法方面取了许多研究成果。

序

百年大计，教育为本。在国家日益重视全民教育的形势下，教育已成为我们社会进步的基石。教育牵动着每一个家庭，音乐教育随之也成为一项重要的议题，特别是在培养学生核心素养的要求下，音乐教育发挥着举足轻重的作用，以培养学生音乐核心素养为目标的音乐教学工作，是时代赋予我们的新任务，它事关学生的音乐审美价值、音乐创造力价值、音乐文化价值的培养，可以说我们音乐教师重任在肩，承载着传承音乐文化、开启学生智慧、塑造学生完美人格的神圣使命。因此，我们必须针对不断发展的形势，开展音乐教学研究，提高音乐教学质量，要大力倡导广大的音乐教育工作者和一线音乐教师投入到学科研究中，不断总结音乐教学经验，指导音乐教学实践。

在平时工作中我接触了不少的音乐教育工作者和工作在教学一线的音乐教师，他们在音乐教学领域里，注重学生课程建设和教学方法改革研究，作出了突出的贡献，使音乐教育教学呈现出生机勃勃的景象。在此向大家介绍的是一位工作在青岛高中音乐教学岗位上的国家级音乐骨干教师、山东省特级教师、青岛市专业技术拔尖人才、正高级教师宋瑞兰。宋瑞兰老师从事音乐教育教学工作34年，一直工作在音乐教学一线，她利用工作和业余时间孜孜不倦地探索着音乐教学的发展，经过多年的勤奋和努力，在音乐教学领域取得了丰硕的成果，先后在全国中文核心期刊、艺术核心期刊上发表音乐教育教学论文30多篇，她教学经验丰富、专业技术过硬、实践成绩突出，是学习型、创新型、研究型音乐教育教学人才。她为了启发更多的中小学音乐教育教学工作者共同探索音乐教育教学领域，把自己几十年来从事音乐教育教学工作经验和体会凝结成《高中音乐教学方法创新与实践》一书，非常值得一读。该书从五个章节探索高中音乐的教学，从对音乐教学方法的认识，到音乐教学方法的应用；从高中音乐教学的研究，到高中音乐教学的创新，再到高中音乐具体教学实践，均进行了较为详细的阐述。尤其是在创新和实践方面，她结合目前高中音乐教学的实际，将存在的问题作为研究对象，摸索新的音乐教学方法，通过具体教学实践，收到非常好的效果，对我们今后开展高中音乐教学具有启迪作用，相信对音乐教师会有很大的帮助。

涓涓细流，汇流成河。音乐教育教学需要成千上万的有志于从事音乐教育教学工作者的不懈努力，正因为有了他们的辛勤工作，我们才看到音乐教育事业的希望和曙光。《高中音乐教学方法创新与实践》的出版是高中音乐教育战线的一件喜事，是一次高中音乐教育教学成果的展示，也是一位长期工作在高中一线音乐教师奉献精神的体现。

于海

2018年 5月于青岛

（于海：前中国人民解放军军乐团团长、指挥）

前 言

随着《中国学生发展核心素养》研究成果的推出，我国教育的发展进入了一个崭新的阶段。《中国学生发展核心素养》强调要以科学性、时代性和民族性为基本原则，要以培养“全面发展的人”为核心。这是时代赋予我们的使命，也是音乐教育教学工作者必须思考的问题。

高中阶段的学习，处在中小学教育的特殊阶段，这个阶段学生要为自己的终身发展奠定基础，高中音乐教学作为这个阶段的课程内容，对学生的终身发展起着重要作用。但是高中音乐教学工作还存在着一些问题，如教师对音乐教学方法的理论知识研究不够、音乐教学方法的选择单一、教学创新不足等，这都直接影响了音乐教学效果。另外，在写这本书之前，我对多所高中学校的音乐教师进行了调查了解，掌握了一些高中音乐教学的实际情况，对音乐教师反映的问题做了归类，为我们音乐教育研究者和音乐教师去思考和研究提供了资料，也为本书提供了参考。

本书以高中音乐教学方法为研究内容，将音乐教学方法作为理论学习的起点，把音乐学科特殊教学方法作为学习参考，以此在高中音乐教学方法的选择、创新、实践上进行探讨，在探讨上形成以音乐教学方法理论为依据、音乐教学方法选择为内容、音乐教学方法创新与实践为重点的论述思路。其中，音乐教学方法创新与实践这条论述思路是本书的重中之重，也是集中研究和探索的部分。

宋瑞兰

2018年5月于青岛

目 录

第一章 音乐教学方法概述

在音乐教学过程中，音乐教学方法是重要的组成部分，充分掌握和运用好这一组成部分，对完成音乐教学任务和实现音乐教学目标起着十分重要的作用。

一、音乐教学方法的概念和性质

什么是音乐教学方法，我们从广义上可以这样理解，就是基于教学论和普通教学方法上，具有音乐学科属性的教学方法称为音乐教学方法。音乐教学方法与其他学科在教学方法上相比既有共性，也有个性。我们可以这样认为，如果没有音乐教学方法，就无法保证音乐教学正常开展，也就无法保证音乐教学任务的完成，实现音乐教学的目标就会变成一句空话。因而，我们必须高度重视这一问题。那么，我们从音乐学科的属性上，怎样去认识音乐教学方法呢？这是我们在学习中关键的一步。

在通常的音乐教学中，音乐教育者在对音乐教育方法上的理解因观察事物的角度、理解问题的程度不同，其在解释音乐教学方法的认识上就有所不同，但不论从哪个角度理解，构成音乐教学方法的要素是不变的。因为音乐教学方法是以完成音乐教学任务为目的的，音乐教学方法都是以运用教学手段来完成的，音乐教学方法是以师生相互联系为依据的。

从这三个方面我们可以得出这样的结论，即这三个方面的内容是构成音乐教学方法的关键要素。由此，我们综合关键要素，在音乐教学方法的定义上，给出这样的结论：音乐教学方法是教师在实施音乐教学过程之中，为达到音乐教学目的，组织和引导学生进行音乐学习活动，通过采用的各种手段、途径、方式与学生共同开展音乐学习并解决学习中问题的教学活动总称。在认识上必须明确两个要点，第一，明确教师的教学方式和学生的学习方式两个方面的作用，它不是任何一方单独的存在，也不是两者之间的简单叠加。第二，明确教师与学生的互动作用，强调教师和学生主观能动性的发挥，行动上协调一致的效果，强调教学中教师和学生的有机结合关系。即在音乐教学方法中教师和学生是一个教学整体中的两个方面，是相互作用、相互联系的一个整体。因此，这两点是我们认识音乐教学方法的基础，在此基础上组织音乐教学，会取得好的音乐教学效果。《中国学生发展核心素养》强调要以科学性、时代性和民族性为基本原则，要以培养“全面发展的人”为核心，提出了文化基础、自主发展、社会参与三方面的要求。这给我们开展音乐教学工作提出了新的要求，也是音乐教学所要取得的效果。它关系到学生音乐核心素养的培养问题，事关学生的音乐审美价值、音乐创造力价值、音乐文化价值的形成。

二、音乐教学方法的基本特点

音乐教学方法与其他学科教学方法一样，在教学方法上，既有共性又有个性。在实际教学中，我们要不断地研究探索，使音乐教学方法更具特色。

（一）音乐教学方法的目的性

目的性是音乐教学方法根本性的特点，它是指导音乐教学方法开展的基础。作为音乐教学方法它的目的性是指实现音乐教学目标，因而音乐教学方法要以音乐教学目的为前提，服务于音乐教学目的。作为高中阶段的音乐教学而言，教学大纲中明确提出：“1. 以审美教育为核心，培养学生健康的审美情趣和感受、体验、鉴赏音乐美的能力，树立正确的审美观念。2. 突出艺术学科特点，寓思想品德教育于音乐教育之中，陶冶情操，提高修养。3. 在九年义务教育的基础上，进一步增强学生对音乐的兴趣与爱好，掌握必要的音乐知识与欣赏方法，开阔视野，启迪智慧，促进学生身心全面健康发展。”因此，高中音乐教学方法要以此为前提，积极开展音乐教学活动。

（二）音乐教学方法的多样性

音乐教学方法的多样性来自事物发展的属性。就音乐教学方法来讲，它是事物发展的一种表现形式，也具有多样性。因为音乐教学活动的过程包含着丰富的内容，如：教学目标、教学内容、教师素质、学生特点、活动器材、活动场所等，无论哪方面都会制约着音乐教学方法，这也就决定了音乐教学方法不可能是一种或者两种固定的形式，而是呈现灵活多样的特点。因此，我们的音乐教学方法必须遵循这一多样性，依据音乐教学过程中的各因素及其表现形式，有针对性地、合理地应用音乐教学方法，完成音乐教学任务。

（三）音乐教学方法的综合性

音乐教学方法的综合性是基于音乐教学目的所确定的。在音乐教学总目标的框架下存在着各要素目标，所以音乐教学方法要依据各要素目标来选择，这就要求考虑音乐教学方法的综合性。一是要考虑如何选择各要素对应目标的音乐教学方法，二是要考虑合理安排各目标对应的音乐教学方法顺序，做到统筹兼顾，不可顾此失彼。在实际教学中，我们也注意到了这个综合性，靠“一方打天下”做法是行不通的，而要做到“百花齐放春满园”。在实践中，音乐教师用一种音乐教学方法完成一堂课的教学是极为少见的，基本上都是综合运用了多种教学方法开展教学，而非运用单打独斗式的音乐教学方法，因此，采取综合性的音乐教学方法既是音乐教学的要求，也是音乐教学方法的选择，音乐教师要将各要素对应的音乐教学方法看成教学过程的一个整体，做好各音乐教学方法之间的衔接，充分发挥整体综合效应。

（四）音乐教学方法的发展性

一切事物总是在不断发展变化之中，这是事物发展的规律，音乐教学方法同处于这一发展规律中。随着社会的发展，事物总是经历着由旧到新、由简到繁、由低级到高级的运动变化过程，每一次的变化都会带来新的结果，我们的音乐教学工作也正在经历着这样的发展，既有挑战又有机遇。一是信息化时代的到来，改变着人们的生活；应用技术的飞速发展，使音乐教学的媒体传播、计算机辅助、互联网通讯、高保真视听设备、电化教学等手段被广泛使用，这给音乐教学工作带来了翻天覆地的变化，也给音乐教学方法的发展提供了广阔的空间。二是信息时代的发展，伴随着的是人思想认识的飞跃，思想认识的进步又会带来行动上的改变，以音乐教育教学改革为内容的大幕已经拉开，关于音乐教学新的教育思想、教学理论、学习理论也已呈现在广大音乐教师的面前，这对于音乐教学方法的改革发展产生了积极的推动作用。三是根据音乐教学方法的发展性要求，音乐教学方法将以叠加式、层次式、渐进式、综合式等方式进行发展，形成多方位、多渠道、多领域完整的音乐教学方法。

三、音乐教学方法的分类

音乐教学方法的分类呈现的是多样性，从目前有关音乐教学方法的分类来看，大体是根据音乐教师、音乐教材、信息来源、教育观念、实践活动等内容来划分的。但随着时代发展、人的认识、物质条件等因素的变化，音乐教学会出现新的分类方法。有关音乐教学书中常见的有以下几种分类方式。

1. 按音乐教学外部形态分类。可将音乐教学方法分为讲授法、谈话法、讨论法、练习法、演示法、欣赏法、发现法、情境法等。这是一种最常见的分类方法。

2. 按照音乐教学内容分类。可将音乐教学方法分为唱歌教学法、律动教学法、欣赏教学法、器乐教学法、欣赏教学法、创作教学法、基础知识和基础技能教学法。

3. 按照学生获得信息的来源分类。可将音乐教学方法分为欣赏法、演示法、练习法、律动法、游戏法、创作法、讲授法、谈话法、讨论法、读书指导法、发现法。

4. 按照教育观念为指导分类。可将音乐教学方法分为兴趣教学法、参与教学法、情境教学法、直观教学法。

5. 按照教材要求和教师实际教学方面分类。可分为语言交流法、讨论激励法、表演示范法、视听欣赏法、感情激发法、即兴创作法、探索发现法等。

6. 无定式分类方法。这种分类方法区别于前面讲到的分类方法，它不是以某个具体方面的内容来划分的，而是将音乐教学过程中各教学要素对应的音乐教学方法综合到一起来表现的。

上述音乐教学方法的分类，是研究学者站在不同的角度，从侧重于某一个方面的内容进行的分类，为音乐教学方法的开展提供理论上的支持，更是为音乐教师开展音乐教学工作提供指导。无论是哪种形式的分类，目的都是让广大的音乐教师以科学的态度，认识音乐教学规律，掌握音乐教学方法使用技能，完成音乐教学任务。不过，上面所讲到的不同类型音乐教学方法的分类，有其不完善的方面，存在普遍性和特殊性界定比较模糊的问题，也就是说未能明确一般的音乐教学方法、特殊的音乐教学方法的概念以及二者的关系。在教学实践过程中，很多音乐教师在使用上往往比较混淆，把一般的方法当作音乐学科特殊的教学方法来看待，特殊的音乐教学方法当作一般的方法来看待，这样不仅会造成音乐教学方法独特的个性无法体现，而且违背了音乐教学规律，出现音乐教学方法选择和使用上的混乱或错误，从而误导了学生的学习，也严重影响了音乐教学效果。在这个问题上我们觉得非常有必要弄清楚，这对于我们遵循音乐教学规律、分析音乐教学过程、判断和选择音乐教学方法将起到积极的作用。

四、音乐一般教学法

教学法论中指出，一般教学方法也称为常规教学法，是指不局限于一个学科而存在于各个学科中通用的教学方法，具有非固定学科性，任何学科均适用，这种常规的教学方法呈现的类型是多样的。在教学中较常见的教学方法有讲授法、问答法、讨论法、演示法、练习法；近年来出现的发现法、情境法等，在音乐教学中我们也经常能使用到。下面是目前在音乐教学中使用的一般教学法。

（一）讲授法

讲授法是音乐教学常用的教学方法之一，通常也把它称之为口述法。是指教师以语言为指令，以声音的形式与学生进行沟通交流的音乐教学方法，即：音乐教师用语言将课堂教学内容传授给学生的教学方法。主要有三种方式：讲述、讲解、讲演。

音乐教师将音乐教材中的知识、活动等内容向学生进行事实叙述称之为音乐讲述，这是第一种方式。在音乐教学中，这种讲述可用于音乐自然知识、音乐作品作家生平、音乐作品创作背景等内容的介绍和描述。

音乐教师将音乐教材中的有关原理、概念、定律等，从科学及理论的角度进行系统地解释称之为音乐的讲解，这是第二种方式。在音乐教学中，这种讲解可用于音乐基本理论、发声器官原理、乐器构造及操作原理等内容。

音乐教师用演说的方法，将与音乐教材有关联的音乐题材、音乐内容进行概括性的总结称之为讲演，这是第三种方式。在音乐教学中，这种方法主要用于相关音乐题材与课堂教材的道理论说，用于阶段教学完成后所进行的概括性总结。这种方式常见于高中阶段的音乐教学中。在使用这种方式时，我们可以把它当作教学总结来看，也可当作课堂或者教学阶段检查来看，讲演者不仅是音乐教师，也可以是学生。让学生承担这一角色，不仅活跃了课堂气氛，而且检测了学习效果。

讲授法主要有以下特点：

1. 讲授法具有广泛性

在教学领域，无论什么学科，在教学中都离不开语言的传授，也就是说，讲授法存在于各个学科中，包括音乐教学中。

2. 讲授法具有主导性

从功能上讲，讲授法主要是指将学习的对象从传授者一方给予或交给被传授者一方，在此当中传授者为主导者，被传授者为从属者，显然教师起主导作用，学生起从属作用。

3. 讲授法具有目的性

音乐课程的讲授有着明确的指向，讲授的内容必须是围绕音乐教材任务、音乐教材内容、音乐教材要求等要素开展，音乐教学中音乐教师讲什么，怎样讲，一定要备好课，切不可随意讲或跑题讲。

讲授法使用中的注意事项：

从讲授法具有主导性的特点来看，音乐教师所处的地位具有主动性，也就是说具有相当大的话语权，对于讲授的内容在组织、选材、语气、时机等环节上起着支配作用。作为学生而言，在接受音乐教师所讲的内容的过程中，实际上是一种被动接受的过程，音乐教师讲什么，学生就听什么，音乐教师讲多少，学生就听多少，限制了学生的主体作用的发挥，使得学生的学习积极性不能充分调动起来，甚至还会产生厌烦情绪。为此，音乐教师在使用讲授法教学中应注意做好以下几点：

1. 以促进学生的思维为导向，用启发性的方式开展教学

知识的传授实质上是让学生在意识上得到知识的感应，从而进行思维。而学生的感应并不是完全处于被动的地位，学生的感应还有主动性的一面，也就是说学生对知识的感应具有取舍功能，学生喜欢的内容可能被接受，学生不喜欢的内容就被排斥，这样会造成学生接受的知识不完整。为此，音乐教师要充分考虑到这一点，用启

发式的方法引导学生学会用脑去思考，去主动学习，切不可用灌输的方法讲授。

2. 注重讲授中语言艺术的运用

既然讲授是用语言来实现的，就应当讲究语言的艺术，用丰富的语言表达方式来打动听者的心灵，这就叫语言的魅力，实际上就是强调说话的技巧和艺术。在具体运用中取决于不同的表达方式：讲授中，讲到幽默的部分，就要用风趣的语言讲授；讲到形象的部分，就要用生动的语言讲授；讲到通俗的部分，就要用简练的语言讲授，达到激发学生情感、培养情趣的音乐教学目的。同时，还要运用好肢体语言，如讲授时辅以手势、面部表情等，使讲演更生动、感人和富有表现力，从而增强语言的感染力和说服力。防止讲授中出现生拉硬套、僵直呆板的现象。当然，在实际讲授中，还应该根据不同教学内容和学生的特点及接受能力选择恰当的语言风格。

3. 注意克服“一家独大”的讲授现象

在实际教学中，有些音乐教师依据具有的主导性，喜欢唱“独角戏”，一个人从头讲到尾，忽视音乐教师与学生的双边性作用，学生的主体作用得不到发挥，造成课堂索然无味，学生厌学情绪。为此，音乐教师要尽可能地安排讲授中学生的参与，将学生的提问、插话、甚至质询作为讲授的内容，充分调动学生的积极性。

（二）谈话法

谈话法也是音乐教学常用的教学方法之一。谈话法是指音乐教师以口头语言问答的形式进行教学的方法。我们可以认为它是讲授法形式的深化体现，因为二者都是以语言为基础运用的，只不过谈话法具有明确的使用指向。谈话法的特点：

1. 谈话法具有使用指向性

谈话法主要用在音乐教学中音乐教师与学生之间的问答和提问环节。具体的表现形式可分为启发式谈话和复习式谈话两种。

在启发式谈话中，音乐教师为了能获得良好的教学效果，从学生主动学习的角度考虑，对相关知识的传授不是采取答案式的讲解，而是用启发的方法提出渐进式的问题，引导学生逐一进行独立思考，从中寻求解决问题的答案。这样在相对减少音乐教师讲述时间的同时，留给学生更多的获取知识的时间，从而增强了学习效果。这种方法主要用于新知识的学习。

在复习式谈话中，音乐教师是以检查学生的学习效果为指向，对学生已学过的知识提出问题，进行学习效果的检测。对新知识学习而言，可以理解为是一种后学习方式。

2. 谈话法具有双向性

这一点区别于讲授法。既然谈话法是以问答的形式进行的，就必然存在问方（教师方）的主导作用和答方（学生方）的主体作用，这两个方面的作用构成了双向作用，教师与学生之间就形成了一种互动交流的形式，因此具有双向性。教师的问和学生的答是音乐教学过程中的一个统一体，实质上是教师主导作用和学生主体作用的体现，从教师角度讲，是含有特定学习信息的发出者，又是含有特定学习信息反馈接受者，从学生的角度讲，是含有特定学习信息的接受者，同时又是含有特定学习信息的反馈者，这一过程形成教师与学生之间互为交流形态，共同完成教学任务。

谈话法使用中的注意事项：

谈话法和其他教学法一样，都有一定的局限性，它的使用受教材内容、教师能力和学生思维等因素影响，使用时要把握好谈话的时机、步骤、选材内容、难易程度等因素。

1. 谈话必须要提前做好准备

要充分考虑和了解提出问题的内容、难易程度、数量、节点、时间等问题，要建立在学生对问题能够承受的基础上，避免出现因问题难度过大使学生无法回答出现冷场的局面。

2. 谈话要体现目的性和针对性

要解决好谈话是为了什么，针对什么去谈话。就是说音乐教师要以落实教学目的为要求，抓住教材中的关键点设置提问，同时还要立足激发学生的求知欲，面向全体学生提问，引导学生对问题积极思考，防止谈话中的随意性。

3. 正确处理提问中学生回答的标准答案和非标准答案

其实对于音乐来讲，乐理知识性的内容有严格的标准，但音乐所表现出的意境和内涵却具有不确定性，学生在回答问题时，可能呈现的答案是多样的，即非标准答案。音乐教师在对学生这种非标准答案评价总结时，要尊重学生的个人感受和见解，要知道学生的这种回答，有助于学生的发散思维和求异思维。这表明学习本身就是在探讨中进行，在探讨中发展。

（三）讨论法

讨论法是指由教师组织学生针对教学中的有关问题进行探讨、交换意见及辩论的教学方法。这种教学方法被广泛运用在各学科教学中，我们在音乐教学中也常常采用这种方法。如音乐欣赏作品的理解、演唱演奏的感情处理、调式的辨别、曲式的分析、律动的动作分析、创作技法的研究等，都可采用讨论法。

讨论法的特点：

1. 讨论法具有参与性

讨论必须要有意见交换和辩论的对象，我们说教师在指导学生开展讨论的时候，往往是分集体讨论或分组讨论的形式进行的，是由众多学生组成的讨论，每一个学生都有发表自己意见的权利。

2. 讨论法具有互动性

课堂讨论本身就决定了它具有互动性的特征，讨论可以在教师与学生之间进行，也可以在学生与学生之间进行，教师与学生之间的讨论和学生与学生之间的讨论在教学中呈现的是双向或多向互动的过程。

讨论法使用中的注意事项：

1. 讨论前准备工作是基础

要想组织好一场讨论，必须要在讨论前做好充分的准备。对讨论的议题、方式、过程、重点环节、学生能力等方面的情况要心中有数，并针对这些情况制订出具体的计划，对整个讨论作出预期评估，以防在准备上出现漏洞。

2. 讨论中正确引导是关键

对于制订的讨论计划，我们非常希望能够顺利进行，但是在具体讨论中，往往会出现一些意想不到的情况，如：学生参与讨论的积极性不高，不愿意发表意见；讨论中学生发表的意见超出范围；讨论中出现学生间的语言刺激等现象。对此，教师要及时发现并积极引导，鼓励学生积极参与讨论，视情况采取“点将”方法让学生发言，随时修正偏题讨论，及时制止学生的偏激语言。

3. 讨论后合理评价是重点

我们虽然看重讨论的过程，但是还应重视结果，对教师来讲，合理评价是完成讨论程序任务，对学生来讲是讨论的收获。教师虽然对学生的表现不能长篇大论地进行评价，但是简明中肯的评价尤为重要，同时，允许学生保留自己的看法。

（四）演示法

演示法是教师通过展示多种教具进行演示，或借助信息化教学手段使学生获取知识的教学方法。在实际教学中，演示法非常受学生欢迎，音乐教师常常用在教学示范性环节，如：音乐作品的示范演唱、乐器演奏、指法练习；同时，音乐教师借助教具，如：乐器实物、图片、模具、数据表等教具；还有音像设备，如：音响设备、影视作品、演示文稿、录音等电化教学手段。

演示法的特点：

1. 演示法具有直观性

由于演示中演示的内容都是具体的实物，学生通过视觉、听觉等将展示的实物外观呈现在大脑中，对事物产生印象。特别是能从视觉上给学生造成冲击力，加深对事物的认识，同时能吸引学生的注意力，激发学生的学习兴趣。

2. 演示法具有操作性

由于演示法属于传统的教学方法，音乐教师已经非常熟悉，操作方法比较简单，使用起来得心应手。

演示法使用中的注意事项：

1. 音乐教师要做好素材选材工作

由于可用于演示法中的实物素材非常多，诸如乐谱、演奏乐器、音乐作品画册、曲作家人物画像、音乐作品录音、音乐作品音像、演示文稿等素材，这些演示素材不一定要在课上一一呈现，要根据音乐作品学习的难点、重点做相应展示，明确目的性。

2. 演示法中的结合运用

在音乐教学中，仅凭演示法一种方法来完成音乐教学任务是不现实的，演示法的实施是伴随着讲解和谈话方法同步进行的，是一种综合性的教学过程。音乐教师必须要明确这一点，在实施演示法教学中，在学生进行看、听及思考的过程中，针对教学内容要及时进行讲解和谈话，使学生在观察、思考、理解的基础上认识音乐作品。

3. 合理安排演示步骤

演示法的使用虽然能使教学过程更加直观和生动，但是，演示法不可取代整个教学过程，它只是教学过程中阶段性的教学方法，因此，音乐教师要把握好演示的节点、时间的长短，防止演示时机不当、时间过长等问题发生，以免造成学生思维混乱、视觉疲劳，分散学生的注意力，影响学习效果。

（五）练习法

练习法是指为让学生掌握学科技能技巧，在教师指导下，学生自觉、反复进行相关动作或活动的教学法。音乐学科是一门技能技巧非常突出的学科，学生对音乐的学习在相当程度上是需要通过练习来完成，因此，练习法是音乐教学中使用最多的音乐教学方法之一。如音乐教学中的教唱歌曲、视唱练耳、听音识谱、器乐演奏、舞蹈表演、创作编排等内容的学习，都需要通过练习来掌握。

练习法的特点：

1. 练习法具有激励性

因为音乐技能技巧的学习，不仅仅是为了提高学生自身的音乐素养，同时还是为了展示音乐艺术的魅力。音乐技能技巧的掌握不仅可以带给学生自己本身音乐享受，同时，它还能展示给其他人，使其他人也能获得音乐艺术的享受。这对学生来讲是一种激励，学生在音乐展示中会产生自信心和强烈的表现欲望。

2. 练习法具有重复性

音乐技能技巧的练习，是一个反复的过程，仅凭一次的练习很难掌握，需要进行多次的练习，逐步体验和领会才能掌握。

练习法使用中的注意事项：

1. 让学生明确练习的目的与要求

音乐教师一定要向学生讲清楚练习的原理和方法及练习要领，以使学生按要求去练习，防止学生练习中的随意性和盲目性。

2. 加强音乐教师在练习中的指导

音乐教师为使学生在练习中少走弯路，从一开始就必须要对学生进行正确的指导，而且要做示范，甚至要做多次示范，让学生的练习在正确指导、严格标准下进行。如进行演唱发声、演奏指法等练习时，音乐教师要边讲解边作示范，引导学生正确练习。切不可让学生形成不规范、甚至是错误的练习方法。

3. 练习中要讲究方法步骤

其实练习是一种容易使学生感到枯燥的事情，如做不好不仅会影响学生的情绪，而且还会造成学生学习技巧技能的走样。为此，音乐教师要精选练习材料，在练习的程度、时间、次数上统筹安排，做到由浅入深、循序渐进、逐步提高。

4. 提高练习效率

在练习中，采取单一形式的练习方式，容易造成练习效率不高的问题，为此必须采取灵活多样的练习形式，让学生在交流与探讨、表演与表现、个人与小组、比较与比赛中练习，以使练习的过程紧张而有序、活泼而庄重。如学生在进行节奏练习时，可以采取分组攻擂的方式进行。同时，还应该对学生的练习情况进行检查、纠正、点评，及时给予学生鼓励和赞许，使学生保持旺盛的学习精力和积极的学习兴趣。

（六）发现法

发现法是指学生在教师的指导下，通过探寻未知领域，获取新事物原理的教学方法。从中不难看出，这种教学方法的立意所站的认知高度是非常高的，它把现实和未来联系到一起，建立一条解决问题并推动事物向前发展的途径。在这方面人本身就具有潜能，特别是人们对探索未知领域有着极大的好奇心和兴趣。这对于培养学生科学的认知态度、学习的内在动机、解决问题的能力、科学的探索方法等具有重要的作用。

这种方法在音乐教学中也非常适用。音乐本身就能给人带来丰富的想象力，其中蕴含着人的情感、生活的态度、智力的开发、记忆和思维、音乐创造等因素，而所有这些均需要通过认识和探索来掌握。比如，音乐鉴赏中 “音乐能告诉我们什么”的教学，留给学生们的想象空间是巨大的，期待学生去探寻、去发现。而音乐教学中教师运用发现法教学，其目的就是要把学生引入到对音乐鉴赏的探究中来，增进学生感受音乐美和探究音乐内涵的兴趣。再比如，音乐与声音的学习，仅凭音乐教师从概念上进行讲解恐怕很难让学生感受和理解，教师必须要引导学生从听觉开始，让学生从探索声音的物理属性的角度思考，通过听觉发现音乐与声音的区别，真正感觉到什么是音乐、什么是声音。

发现法的特点：

1. 发现法具有探索性

在音乐教学中运用发现法教学，必须要让学生对所认识的音乐现象和音乐问题有一个基本印象和感性认识，这一问题的解决，需要音乐教师指导学生从中去探索，去认识。

2. 发现法具有研究性

我们说要想发现问题，就必须要进行探索，对所要认识的事物有一个初步的了解，然后才能进行深入研究，获知事物的属性和原理。对于音乐的认识也必须经历这样一个过程。

3. 发现法具有启发性

音乐教师在使用发现法教学中，更多的情况下是给学生提供涉及音乐的问题，通过教师的启发，引导学生进行主动和自觉地去发现和探索音乐问题缘由，从而解决问题，以培养学生的创造能力和充分发挥学生的主观能动性。

发现法使用中的注意事项：

1. 综合运用不同的教学方法

音乐教学方法的使用原则指出，音乐教学方法必须要综合运用。因此，发现法的使用必须符合这一原则，就是发现法必须要与其他教学方法结合使用，否则，不可能会带来良好的教学效果。

2. 探索的问题要符合实际

对未知问题的探索有着基础性的要求，那就是探索问题的人要具备相应的能力，作为高中生来讲，应该说具备了一定的探索能力，但是，高中生不是什么样的问题都能够探索，仍有局限性。这就要求音乐教师在确立探索问题时，要根据学生的认知能力来设立，所要探索的问题一般应该是学生经过独立思考和努力后能解决的问题。

3. 把握好探索的节奏

发现法的运用有不足之处，就是所用的时间比较长，学生因兴趣引发的讨论可能比较激烈，这个时候音乐教师必须要合理安排时间和节奏，控制好局面，并实施全程指导。

（七）情境法

情境法是指在教学活动中，教师根据教材内容，设定具有一定情感的场景，帮助学生在情感体验中获得知识的教学方法。情境法的使用有着广阔的前景，随着社会的快速发展，人们对事物的认识也更加全面和理性，特别是情感上的体验带给人们无限的遐想。在轻松愉快的气氛中有效地获得知识、陶冶情感已是人们离不开的生活方式。在音乐教学中，运用情境法创设教学情境，可以让学生体验真情感受，激发学生的学习兴趣，在音乐教学诸要素交融中，分析、辨别、总结和提高认识，获得知识、培养能力。所以这种音乐教学方法已越来越受音乐教师和学生的喜爱，在音乐教学中采用的频率也越来越高。

情境法的特点：

1. 情境法具有直观性

由于情境法中情境场景的创设，基本上是具体的表现形态，在视觉上给人以直观感受。特别是音乐教学中的场景创设，更是如此。因为音乐艺术的表现形态，呈现的是具体的事物，如人物、动作、表情、道具、声音、音响、背景、影视等，都具有直观感。

2. 情境法具有暗示性

人具有本能的可暗示性，在接受外来信息后，经过大脑思维后，产生顿悟或者新的认知结构，会对人的意识和生活产生影响，起到唤醒和启迪智慧的作用。在音乐创设的情境中，音乐元素都是寓音乐教学于具体形象中，在学生的意识中必然存在着潜移默化的暗示。

3. 情境法具有表演性

在音乐教学中，情境的创设离不开学生的参与。在大多数情况下，音乐教师都会让学生充当情境中的一个角色，我们可以把情境创设看成一部短剧，学生就是其中的人物角色，犹如在舞台上表演。

情境法使用中的注意事项：

1. 情境的创设要以调动学生的积极性为基础

在情境的创设中，音乐教师要注意如何使学生集中思维，培养其钻研精神，还要注意如何调动学生的学习积极性。

2. 体现愉快的体验气氛

情境法提倡的是轻松愉快的理念。情境的创设要求音乐教师把学生引入一个欢乐愉快的体验中，在和谐气氛中引导学生进行思维和想象，使学生愿意在这种环境中学习、思考，而不是不顾学生的感受，生搬硬套设置情境。

3. 建立师生互信互动的关系

在情境创设活动中，音乐教师要从学生的实际情况出发，使学生认同情境体验，容许学生在情境框架内自由发挥，学生也要尊重音乐教师的指导，按要求进行体验，这样才能达到情境创设的目的。

以上介绍的是音乐教学中使用的一般教学方法，每一种教学方法都有具体的使用要求，在实际教学中，还要灵活应用，根据教材具体问题具体分析，结合音乐学科自身的特点，将音乐教学方法用实、用活、用巧，切实为音乐教学目的服务。

第二章 音乐学科特殊的教学方法

一、音乐学习领域的教学方法

在上一章中讲了音乐的一般教学方法，本章重点介绍音乐学科特殊的教学方法。什么是音乐的特殊教学方法呢？我们可以这样理解，就是针对音乐学科专业特点，依据具体教学内容专门设定的教学方法。这些音乐教学方法有特定的指向，具有针对性。如：唱歌教学法、欣赏教学法、器乐教学法、识谱教学法、创作教学法、综合性艺术表演教学法，音乐与相关文化教学法等。

（一）唱歌教学法

唱歌教学法作为音乐教学最基础的教学，一直以来在音乐教学中发挥着重要的作用。这种教学法是最直接、最容易让人接受的一种形式。唱歌教学法又分为听唱法和视唱法两种教学方法。

1. 听唱法

听唱法是教师示范演唱，学生模仿跟唱的学习歌曲的方法，又称作模唱法。

听唱法一般又分句听唱、分段听唱、全曲听唱等几种方式，可根据学生的实际情况灵活运用。听唱法使用要点：

（1）唱歌教学最主要的目标是培养学生能够富有感情地歌唱，运用听唱法，首先要使学生理解歌曲的内涵、情绪和意境，在理解和认识的基础上才能谈得上去感受音乐的美，不要让学生不明不白、机械地模仿。

（2）采用听唱式教学法，对教师的范唱有严格要求，教师的示范不仅要有准确的音准、节奏、速度，清晰的咬字吐字，科学歌唱方法，良好的乐感，更要能够完美展示歌曲的艺术形象，充满情感和富有感染力。

（3）在教唱过程中，为避免单调，提高学习效果，可采用多种形式运用到教学中，如教师唱词（谱），学生跟着唱词（谱），也可反之，即教师唱谱，学生唱词或教师唱词，学生唱谱，还可以采用分组模唱、跟琴默唱等方法。

（4）学生模唱时，教师要留心倾听，发现问题，对歌曲中的难点，可单独挑出重点教唱。

（5）学生模唱的音量不宜过大，指导学生学会用轻声歌唱，并注意保护嗓子。

2. 视唱法

视唱法是学生在教师指导下，运用已经掌握的识谱技能，自己通过视唱曲谱学会歌曲的方法。这种教学方法对提高学生的识谱能力有着显著的作用。运用视唱法的最终目的是使学生经过训练后，能达到对一首新歌不通过视唱曲谱就能直接看谱唱词的程度。视唱法较之听唱法难度要大，培养学生识谱歌唱的能力需要一个由简到繁、由易到难的过程。在这期间，如果使用不当，学生容易产生乏味、畏难的心理。

视唱法使用要点：

（1）视唱歌曲前，仍可由教师先做范唱，使学生对歌曲有个总的印象。但在学生独立视唱的过程中，教师就不宜再带唱，只需在必要时用琴示范即可。

（2）教师指导学生读谱歌唱时，应注意“精讲多练”，先应用、后讲解；并要有计划有目的地进行，突出重点难点，针对学生出现的问题逐一解决；还要与乐理、记谱法以及视唱听音教学的进度紧密结合。

（3）识谱歌唱的同时，也要让学生注意歌曲的艺术处理和情感表现，以免学生将注意力过分集中在谱面上，影响对音乐的体会和整体把握。要培养学生有表情演唱歌曲的习惯。

唱歌教学中，听唱法和视唱法并不是截然对立的，而应互相补充，有机结合。

此外，除了这两种主要方法，还可采用一些直观、形象、简便的辅助方法来进行唱歌教学，如运用手势，帮助学生体会歌曲的旋律高低变化；用击拍、划拍或加入打击乐伴奏，以便准确掌握歌曲的节奏、节拍；根据歌曲内容即兴创编游戏、短剧等，让学生参与其中，使他们更好地体验歌曲的情绪和内涵，增加对歌曲的理解和学唱的兴趣，同时也能充分发挥学生的创造性潜质。

（二）欣赏教学法

欣赏是一切音乐创作和表演的最终目的和价值体现。音乐教育的主要目标不是培养音乐专门人才，而是培养音乐的听众，即音乐的欣赏者。因此，从这种意义上来说，欣赏教学是一切音乐教育的中心动力和真正目的。通过欣赏教学，能培养学生对音乐的感受和鉴赏能力，开阔音乐视野，激发学习音乐的兴趣，培养健康的审美情趣，有效提高音乐审美能力。

音乐欣赏教学的方法多种多样，难以尽数，只列举常用的几种：

1. 聆听式的欣赏教学法

音乐是声音的艺术，这是音乐的本质特征，因而音乐教师首要的任务是引导学生学会聆听音乐，用音乐自身的魅力去吸引和感染学生，让学生在听音乐的过程中亲身感受、想象、理解音乐，获得丰富的审美体验。

在欣赏课上，聆听音乐的媒介主要有两种，一是通过录音、录像、电影等来聆听和欣赏，这些现代化教学手段的音响效果好，并将音乐、画面、情节等有机地结合在一起，使学生不但能欣赏到美妙的音乐，还能在视觉的辅助下展开自由的想象和联想。二是让学生直接欣赏老师和同学的演唱和演奏，这种面对面的聆听具有直观、亲切、热烈等优点，还能加强师生、生生间的情感交流。

聆听的方式也有许多，如完整地听、分段地听、反复地听、有分析评价地听、带着问题听等等。

2. 参与式的欣赏教学法

创设更多样的方法让学生来参与欣赏，充分调动学生的各种感官，发挥诸感官的联动作用，是使学生更好地体验音乐的方法之一。近代教育心理学的研究也表明，同时开放听、视、动、唱、念等多种感知通道，能更全面、更准确地把握学习对象。参与式音乐欣赏教学法的方式主要有：

（1）演唱参与法

演唱欣赏曲的主题或主要音乐片段是最常见的演唱参与欣赏的方法。主题是音乐的精华和核心，具有鲜明的性格特征，也是乐曲结构和音乐进行的基础，因此，欣赏音乐时，演唱并背记主题是很有必要的。熟悉主题可采用听唱法，即学生听教师的范唱、范奏或摘听录音进行模唱，也可直接视唱曲谱学唱。

（2）演奏参与法

在欣赏音乐的同时，还可以用打击乐器或有代表性的乐器让学生边听边演奏乐曲的主题和片段，或即兴为音乐作品打节奏和旋律伴奏等。教师应引导学生根据音乐的情绪和风格选择合适的乐器和伴奏的音型。

（3）律动参与法

学生在欣赏音乐时，随着音乐的节奏即兴作出适当的身体动作，能加深对音乐的体验和感受，培养内心节奏感、想象力和表现力。另外，律动参与还能制造活泼欢快的氛围，使学生在快乐的情绪中享受音乐。和乐律动的方式可以是指挥手势、踏脚、拍手、即兴表演、舞蹈动作等。

（4）戏剧参与法

对于一些有情节内容的音乐，师生可以发挥想象，创编简单的戏剧场面将之表演出来。这种方式有趣有益，不但可以锻炼学生的创造思维和表现能力，还能让学生在玩中学、乐中学，是符合音乐愉悦性特点，深受学生喜爱的方法。

（5）讨论参与法

欣赏教学中，教师还可以引导学生展开讨论来参与对作品的欣赏。一般的做法是：教师事先安排好有关作品的讨论题目，欣赏之后组织学生分组讨论，然后每组派代表谈他们对作品内涵的理解或对作品体裁、风格、结构等音乐表现要素的分析。讨论欣赏法可以促使学生集思广益，互相启发，加深对音乐的理解，在讨论、分析、归纳、总结中将欣赏过程由情感体验的初级阶段逐步上升到理性认识的高级阶段，还能培养学生对音乐的审美评价能力。

（6）诗、文、画参与法

这是把音乐与文学、音乐与美术结合起来，辅助音乐欣赏的方式，在欣赏的过程中，让学生把感受到的音乐情感情绪、想象出的音乐形象，用写诗、散文、读后感或图画的方式表现出来，从而使对音乐的听觉体验变成了可见的视觉文字和图画。这种方法利于学生想象力和创造性的培养，但在使用的过程中需注意：一要鼓励学生的独创性，尊重不同的见解。二要使用适度，不要将音乐欣赏课变成作文课或美术课，它们只是为更好地理解音乐所采用的手段，不可等同或代替音乐作品本身，音乐欣赏的重点仍是音乐，切忌本末倒置。

3. 联想、想象式的欣赏教学法

音乐欣赏中的审美过程，包含了多种心理因素活动，如情感体验、想象和联想、理解认识等。其中，想象和联想发挥着极为重要的作用。

欣赏教学中，教师可运用多种手段启发学生的想象和联想，促进他们对音乐的感受和理解。如生动形象的语言、故事、诗歌；富有意境的图画、录像等。这些直观手段可以在学生的生活经验和音乐作品之间架起联想、想象的桥梁。

音乐欣赏中的想象和联想一般有三种类型，即：描绘性音乐所引起的联想、情节性音乐所引起的联想、音响感知与情感体验所引起的自由想象。前两种联想方式较浅显，也容易收到效果。后一种方式较为复杂，需要有一定的生活经验和欣赏能力，教师此时要善于启发和引导学生的想象。

在音乐欣赏教学中展开想象和联想需要注意：首先，教师适当的语言提示可以激发学生的想象，但不要过于频繁，更不要用自己的理解去代替学生的想象。其次，既不能让学生漫无边际地随意幻想，也不能生硬地将音乐作品逐句逐段对号入座。这些做法都不利于学生想象力的发挥，也违背了音乐语言模糊性、不确定性的特征。教师应该在不脱离音乐作品的前提下，有分寸地启发学生，随着音乐的进行和发展，有依据地展开想象和联想，最终达到让学生自主地理解音乐的目的。

4. 比较式的欣赏教学法

运用比较的方法指导学生进行音乐欣赏，能加深对音乐的感知和印象，掌握音乐的各种表现手段，更准确地领会音乐作品所表达的情感和深层含义。

音乐欣赏时，比较法可以用在同一音乐作品中，如乐句、乐段间旋律的上行和下行、节奏的密集和宽松、速度的快与慢、调式的转换等，或者是同一作品的不同演奏形式的比较，如欣赏二胡独奏《二泉映月》的同时，还可对比地听该曲的弦乐合奏，或是同一乐曲的不同演奏（唱）版本，在比较中得出高下与差异，提高鉴赏能力。

比较欣赏法也可用在不同的音乐作品中，如欣赏《黄河船夫曲》时，还可欣赏《伏尔加船夫曲》《川江船夫号子》等，使学生在对比中感受相关音乐作品的不同艺术风格和表现魅力以及在立意、构思、情绪、表演形式等方面的差异。

使用比较法进行欣赏教学，选择的对比因素一定要具有典型性，对比内容要能互相映衬，这样才能收到明显的效果。

以上所概括的几种常用的欣赏教学法，教师可以根据具体的教学情况灵活选择。欣赏教学只有采用多样的、综合性的、生动活泼的教学方法，才能达到调动学生欣赏音乐的兴趣、丰富情感体验、提高音乐素养的目的。

（三）器乐教学法

通过器乐教学，能够扩大学生接触音乐的范围，促进学生的知识迁移，提高识谱、听觉能力，激发学生的多向思维，让眼、耳、手、脑协调发展。可以说，器乐教学是使学生从多方位感受音乐的重要途径。

由于乐器学习在很大程度上是演奏技巧的学习，这种特性决定了器乐教学的方法一般以练习法为主，同时辅以教师的示范和讲解。但我们要明确的是，器乐教学是一种普及音乐文化的教育，是为审美服务的，而不是培养专业演奏人才，不是纯技术的训练。

1. 演奏训练法

虽然课堂教学用的乐器较为简单易学，但也需要经过一定的技能训练才能掌握其基本的演奏方法，顺利地表现音乐。器乐演奏的训练方法包括乐器演奏的训练与器乐合奏的训练。

（1）乐器演奏训练

教师在传授各种乐器的演奏方法以及学生在练习演奏时，师生需要注意这样几个方面：

① 教师要用简单、明确、形象的语言指明演奏要领，例如有的教师在介绍竖笛的吹奏姿势和呼吸方法时这样说，“抬头、挺胸、站立要直、手指自然放松、吸气像闻花、吹气时嘴里像含着一块热土豆……”这些简短的话语和形象化的比喻能使学生更容易理解和掌握演奏技巧。

② 开始练习时要慢练，逐句逐段进行，也可以将曲调唱一唱再练，保证音准、

节奏的正确，熟练后可逐步按原速练习。遇到不易掌握的乐句或节奏时可抽出重点练习，也可让学生之间以好带差或教师示范的方法来解决难点。总之，练习要循序渐进，先易后难，不可操之过急。

③ 练习时要培养学生视谱的习惯，做到眼、手、耳、脑协调进行，还可用读谱、背谱相结合的练习方法，提高学生的音乐记忆力。

（2）器乐合奏训练

器乐合奏教学对于帮助学生树立合作意识，促进其合作能力的形成有着不可替代的作用。器乐合奏训练可以根据具体教学情况采用不同的方法。一般在训练中应注意：

① 学生在演奏自己的声部时，要兼顾其他声部，学会倾听合奏的整体效果。认清自己在合奏集体中的地位和作用，以追求整体音响的协调、统一为目标。

② 合奏时，教师要注意音量、音色的均衡和协调，随时调整乐器的配置，以求得最佳的音响效果。这种工作也可交给学生来做，让他们聆听大家的演奏，提出自己的看法。

③ 学生要养成看指挥的习惯。

2. 听赏品评法

学生对演奏乐器产生兴趣，首先是被乐器所发出的悦耳声响所吸引。因此，器乐教学的第一步，可以让学生聆听有关乐器的音色、音质、音高、音强等，以达到初步感知和识别各种乐器音响特征的目的。之后，在学生掌握了一定技巧，能演奏乐曲时，也应提供优良的演奏范例让他们欣赏，用美妙的音响效果激发学生的演奏欲望和情感反应，同时也让他们的练习有高水平的模仿对象。听赏的对象可以是名家演奏，也可以是教师或同学的范奏。欣赏后，教师可以组织学生分析、讨论，进行品评。用这种听一听、品一品的方式进行器乐教学，能加深学生对乐曲的体验和理解，从而使他们的演奏更富于乐感。

3. 玩乐探索法

兴趣是最好的老师，基于这种认识，在器乐教学中，许多音乐教师采用了“玩乐器”的教学方法，让学生在“玩”的过程中产生学习的兴趣和对音乐的渴望，进而使演奏技能的学习成为他们自身的主动需求。比如，当教师出示了将要学习的某件乐器时，学生对这个新玩意儿肯定会充满好奇，总想去试试、摸摸，这时，教师不要急于告诉学生该乐器怎么演奏，而是可以让课堂“乱一乱”，花几分钟时间让学生自己去“玩”这件乐器。这种“玩乐器”的方法，不需教师多讲，在“玩”的过程中，学生就会自己摸索到乐器的构造原理和基本的演奏方法。另外，“玩乐器”的同时，学生会很自然地进行自我即兴演奏，这就为他们以后创造性地、富有个人见解地使用乐器打下基础。

4. 引导创作法

学生在“玩乐器”时进行的即兴器乐创作是发展创造能力所必不可少的，但它毕竟是初级的，不规范的。当学生具有了一定演奏能力后，教师可以引导学生进行有目的、有计划的音乐创作活动，如自行设计演奏的选配乐器等。在具体操作时，须注意这样几点：

（1）教师要做好充分的准备，有的放矢。如让学生用打击乐器自编节奏时，要选择好适合用打击乐伴奏的音乐作品，一般用进行曲、舞曲等。

（2）学生的创作由简到繁，层层深入，不宜急于求成。

（3）启发学生对所听音响进行分析、比较、鉴别，根据乐曲内容，结合乐器属性，积极展开想象联想等思维活动，学会用不同音色的乐器表现不同情绪和风格的乐句、乐段。

5. 表演比赛法

当器乐训练达到一定程度的时候，可以组织学生开展课堂演奏会，并邀请学生家长和其他人员参加。例如举行一周一次的乐器汇演、竖笛专项比赛或多种乐器的混合比赛等。这种方法不但可以检验学生的学习效果，还能满足学生的表现欲望，增强学生的自信心和勇气。演出或比赛后，对学生的成绩，教师要及时给予肯定，同时也要指出不足和今后努力的方向，让学生对自己的演奏水平有正确的认识和评价。

器乐教学在我国起步较晚，虽然积累了一些有效的经验和方法，但如何更好地发挥它在音乐整体教学中的作用，还是一个值得长期探索的问题。在教学实践中，还需着重注意三个方面：首先，要摆正审美体验和技术训练的位置。器乐教学不是培养演奏家，而是通过学习器乐让学生更加热爱音乐，更好地体验、表现、创造音乐。因此，演奏技术上的问题要在音乐表演的实际经验中顺带地解决，重点是培养学生的乐感和对乐曲的表情处理，要始终让学生感到演奏的乐趣，表现出音乐的美感。其次，器乐教学要与其他音乐教学法紧密结合，充分发挥器乐作为学具的作用。如运用乐器进行音准、节奏训练，辅助调式、和声等理论知识学习。再次，器乐教学以班级集体授课为主，是面向全体学生的，但由于学生的音乐基础和接受能力参差不齐，“齐步走”的统一教学难以满足各层次学生的要求，因此，有的教师提出分层教学的方法，给不同程度的学生安排不同的演奏任务，真正把器乐普及教学落到实处。

（四）识谱教学法

乐谱是音乐得以普及和传播的必要载体。音乐学习中，学生只有掌握一定的音乐基础知识，具有一定的识谱能力，才能更为深入地理解音乐的内涵，获得更高层次的音乐体验。不过，基础音乐教育的性质决定了我们在识谱教学中，不宜作专业的、高深的技能性训练，而要从感受和表现音乐的情感需要出发，以发展学生音乐能力为目标，采用丰富多样的、符合音乐学科特点和学生认知特点的手段和方法，使学生获得基础知识和基本技能，并在学习过程中学会学习和形成正确价值观。一般的教学方法，不管是讲授、演示，还是讨论、谈话，在识谱教学中都经常使用。以下我们归纳介绍的也是在课堂中常用的，但又有别于一般常规教学法的识谱教学方法。

1. 音响感知法

音乐首先是要听，脱离音响的识谱教学是没有生命力的死知识，因此，在实际教学中，通常应该先听而后讲，先给学生以感性认识，再进行理论概括，这是进行识谱教学的基本方法。例如，在教授大小三和弦的知识时，不仅可以在钢琴上让学生听辩，还可以通过具体的音乐作品使学生体会二者的区别，像有的教师通过让学生听《中国，鲜红的太阳永不落》和《摇篮曲》这两首乐曲的和声效果，使他们感受到了大小三和弦不同的表现特点。这种直接的方式容易给学生留下清晰的印象，其效果远胜于枯燥的理论讲述。

2. 视觉辅助法

发挥视觉感观的作用，调动学生的注意力，也是一种有效的方法。特别是对于以形象思维方式为主的低年级学生是很适用的。具体的做法有：形象的教学挂图。如用一个苹果表示四分音符，切成两半的苹果表示两个八分音符，用彩色音符表示音的高低，把颜色和唱名组合起来，用于增强对音位的记忆。其他如自制的节奏卡片、视听结合的多媒体教学、表示音高低、长短的图形谱等形式都属于此类方法的运用。

3. 律动反馈法

将律动运用到识谱教学中，也是一种有效的辅助性识谱教学方法。这种方法较直观，可以用击拍、划拍等指挥动作，或拍手、跺脚、行走、跳跃等身体动作表示各种音符时值，如用两拍一步的慢走表示二分时值，用一拍跳两下表示八分时值，稍复杂一些的，像用两手叉腰，两腿轮流屈身，左右送胯六次表示一个六拍的延长音。显然，这里的律动已不再是音乐学习的对象，而是一种手段和工具，以它为媒介将抽象的理性知识通过学生自身的体态运动再现出来，达到强化记忆，巩固所学的目的。

4. 智力游戏法

为了避免理论知识的枯燥，增加教学的趣味性，激发学生的学习兴趣，可适当采用一些谜语、竞赛等智力游戏的方法，使学生在活泼有趣的音乐活动中，不知不觉地掌握知识。

5. 实践运用法

实践性是音乐教学所要遵循的重要原则。体现在识谱教学中，就是要与欣赏乐曲、演唱歌曲、演奏乐器和音乐创作等活动密切结合，在听一听、唱一唱、奏一奏的音乐实践活动中“顺带地” 学习识谱，在感受音乐美的过程中理解音乐知识。这种以生动的音乐为载体，在学生自己的感性经验基础上进行的识谱教学，比之以往那种专门单一的识谱技术练习效果要好得多，也是符合学生认知规律的，是一种最自然的学习方法。音乐课程标准中指出的 “用已经学会的歌曲学唱乐谱”就是这种方法的运用。为此，我们提倡学生多做模唱、背唱的练习。

（五）创作教学法

创造是人类社会发展的根本动力，在提倡创造性教育的今天，将音乐创作教学纳入普通学校音乐教育是时代的必然要求，也充分体现了音乐艺术创造性的本质特征。音乐创作教学不但能训练学生的发散思维和求异思维，激发他们的想象能力，培养创新意识，还能促进学生对已学过内容的理解和运用，实现知识的迁移和强化。同专业音乐创作所不同的是，中学的音乐创作教学不仅包括运用音乐材料创作音乐，还包括各种即兴的创造活动，其主要意图并不在于要学生创作出艺术性很高的音乐成品，而是重在发掘学生的创造性潜能，培养学生的创新思维能力，促使他们成为新世纪的创造型人才。

尽管音乐创作教学在我国基础音乐教育中还是一个较新的课题，但通过近年来不断地探索和实践，并借鉴了国外音乐教育的某些先进经验，也逐渐形成了不少可取的方法，简要归纳如下：

1. 即兴音乐创作的方法

凡是事先没有准备，临时发生，即时进行的音乐活动都可以叫作即兴的音乐创作。即兴创作对于训练思维的敏捷和流畅，以及快速的反应能力都极为有益。即兴的填词、演唱、演奏、律动、表演，乃至探索音响的活动等等，都属于即兴音乐创作的范畴。下面我们介绍一些针对音乐表现要素的运用所进行的即兴创作训练方法。

（1）节奏、旋律问答。

用一个节奏型或旋律片段作为上句进行一问一答的简单即兴创作。师生之间、学生之间都可以进行，问者唱（念、奏）上句，答者即兴创作下句，上下句之间不能有停顿。

（2）节奏、旋律接龙

是指在师生或学生之间，前者唱（奏）出旋律或拍（奏）出节奏（如两小节），后者模仿前者节奏或旋律的第二小节，然后再即兴创作一小节，再后者模仿前面同学的节奏或旋律的第二小节，然后再即兴创作一小节，依次类推接下去。

（3）节奏即兴伴奏

在朗诵歌词、唱歌或其他表演活动时，根据乐曲的要求，可以用拍手、踏脚等“声势”律动，或选用适当的打击乐器，即兴创作节奏进行伴奏。

（4）旋律倒影

是指练习的双方互相以“倒影”的形式进行的即兴旋律创编。这是在模仿基础上的即兴创作。

（5）回旋游戏

用节奏或曲调进行回旋式的即兴创作游戏。教师或学生唱（奏）出A乐句（乐段）作为主题，其他学生即兴创作B、C乐句（乐段），全体联结起来形成ABACA的回旋结构形式。

2. 规定性音乐创作的方法

所谓规定性的音乐创作，是指学生按照教师给定的某些音乐材料，运用自己已有的知识和经验来进行有目的的音乐创作。根据学生知识技能的掌握程度以及音乐能力的发展水平，规定性音乐创作一般有这样几种方式：

（1）节奏、旋律填空

教师给学生提供一段节奏或旋律，中间的空缺部分由学生来填空完成。填空的内容开始时可以是短小的节奏或乐句，随着练习的深入，逐步可发展成为创作单乐段乐曲。当然，这时需要学生对终止和半终止的知识有所了解。

（2）变化节奏、旋律

教师给出示范性节奏谱或旋律谱，由学生在原谱的基础上加以变化，如变化曲调的创作练习就可以采取加花变奏、节拍变奏、发展乐句、构成乐段等多种变化方式。

（3）为歌曲、乐曲配伴奏

和即兴的节奏伴奏相比，这是种有计划有准备的伴奏编配。在创作时对于乐曲节拍、节奏及情绪特点等方面都需要有较为周到和全面的考虑，特别是在为多声部乐曲配伴奏时应讲究动静交错，以形成层次分明、此起彼伏的音响效果。伴奏的手段可以是打击乐、“声势”、人声等。

（4）创作歌曲

进行完整的歌曲创作，是一种较高层次的创作教学。首先，教师要和学生分析讨论歌词的题材、内容、结构、语言特点、表现的情感等问题，尤其要注意歌词的韵律，这是创作歌曲节奏的依据。此外，还要注意有流畅的旋律、合适的音域、明确的调性等，这些都是创作歌曲的基本要求。为了降低创作的难度，教师可以事先给学生提供一些明确的限制性材料。

（5）命题创作

这是音乐创作教学中难度最大的一种创作方式，也是最高层次的创作教学，它完全由学生自己独立完成。命题创作可以由教师命题，也可以让学生根据个人的生活经验自由命题。题目最好要有鲜明的形象特征，让学生容易捕捉。

以上我们简单介绍了音乐创作教学中的一些具体的方式方法，但无论是运用哪一种方法，我们都要明白，普通学校的音乐创作重在强调具有探索性的生动活泼的创作过程，强调学生积极主动学习态度的形成和创造能力的发挥，至于创作的结果如何，并不是我们主要关注的。其次，创造教学也不宜作专门教学，应穿插在其他教学内容中进行，使它们互为辅助、拓展和深化。另外，创作教学一定要从学生的实际水平出发，由易到难，循序渐进，并且要尽可能减少学生的技术负担（如记谱上的困难），以保持学生的创作热情和学习主动性。还有一点很重要，就是创造性的教育需要创造型的教师，只有创造型的教师会善于启发和引导学生的创作活动，懂得营造和谐、愉悦的教学氛围，让学生求新求异的创造性潜能自由发挥。

（六）综合性艺术表演教学法

在课堂音乐教学中，有一些不可忽视的教学内容，它们在活跃课堂气氛，调动学生学习积极性等方面发挥着重要的作用。这些内容虽然形式上各有差异，但却有一个共同的特点，那就是它们都采用了综合性的艺术手段，打破了传统音乐学科的单一性，形成了多元化的音乐教学。这些内容主要表现为集体舞、音乐游戏、律动、音乐剧、简单的歌剧（戏剧、曲艺）片段表演等。其实，在音乐学习的过程中，用活泼多样、富有趣味性的教学方式和手段来感染和调动学生，使他们不光是听、唱音乐，还可以用动作、表演等各种综合性的方式参与其中，在愉悦的学习氛围中释放身心、感悟音乐、发挥艺术潜质。这种教学不仅适用于小学低年级的学生，也适用于青少年学生乃至成人。

在长期的教学实践中，广大的音乐教师创设了许多关于综合性艺术表演的教学手段和方法，大致可以归纳如下：

1. 示范模仿法

模仿，对于音乐教学而言，是一种直观、形象、易入门的好方法。中小学生，他们的模仿能力相对成人来说是相当强的。并且，在律动、集体舞等一些动作反应的表演中，模仿的方法也是必不可少的。不过要注意的是，教师所提供给学生模仿的只是一种可能性的示范，示范的目的不是要学生亦步亦趋、毫不走样地完全照搬，而是为了让学生更快更好去理解某种新的创造性反应的要求。

2. 创设情境法

创设情境就是教师运用生动的语言、优美的画片、影像逼真的多媒体，或者是人物造型、制作道具、布置环境等各种教学手段，营造出一种音乐作品要求的氛围，将抽象的旋律变为看得见的具体形象，让学生在其中感受、体验和想象音乐，开拓思维。在情境教学活动中，师生是互动的，双方都可以进入角色一起表演，这对于融洽师生感情等方面都是很有帮助的。

综合性艺术表演教学是一种“寓教于乐”的音乐教学，具有趣味性、活动性、形象性、表现性、创造性等典型特征。把握好这种教学，要靠教师正确地引导，学生主动地参与，这样才能制造出快乐的学习气氛，激发学生的学习兴趣，让他们在“动中学、玩中学、乐中学”。另外，在“动、玩、乐”的教学过程中，还要注意动静交替、情知互促、张驰结合，有效地控制课堂秩序， 在看似散漫的教学中始终贯穿系统、综合的认知训练。

（七）音乐与相关文化教学法

在音乐新课程标准中，增加了一项前所未有的教学内容，就是音乐与相关文化的教学。淡化学科界限，提倡学科综合是现代教育的重要理念。而音乐作为人类文化的一部分，也从来不是孤立存在的，它与各种艺术都有着千丝万缕的联系，为此音乐才具有了深厚的人文内涵。

音乐与相关文化的教学包括音乐与社会生活、音乐与姊妹艺术、音乐与艺术之外的其他学科等内容。实践中，许多音乐教师都已经在这些方面开始了积极地探索，形成了不少有益的经验。现归纳如下：

1. 启发提问法

教师用富有启发性的提问引起学生的思考，开启学生的思维，学生积极动脑，提出自己的见解。这种启发性的师生对话在音乐与相关文化的教学中是最为常见的教学方法。运用师生提问对话式的教学方法，教师除了要善于提出富有启发性的问题，激发学生的思维，使对话持续深入地展开，还要有平等的心态，要学会倾听学生的意见，和学生建立尊重、融洽的双向交流的关系。这样学生才能在宽松的氛围中自由发表个人的想法，在对话和碰撞中不断迸发智慧的火花。

2. 分组讨论法

进行课堂讨论也是音乐与相关文化教学常用的方法。通过讨论，学生互相启发、拓展思路，从而加深对问题的理解和认识。在讨论的形式上往往是分组来进行的。

音乐与相关文化的教学，体现和加强了音乐人文学科的属性。因此，相对于其他音乐教学内容，它在教学方法上较多运用了一些一般学科所共用的教学方法，特别是文科教学中所用的方法，如谈话、讨论。

3. 表演体验法

艺术具有不同于科学的感性形式，音乐艺术更是如此。因此，学习音乐最好的方式不是认知的训练，而是体验和感悟。音乐与相关文化的教学，因其内涵的丰富性，更为学生提供了用多种艺术形式表现、体验音乐的可能性。所以，表演体验的方法也是这种教学中常用的一种方法。

音乐与相关文化的教学是一个崭新的音乐教学领域，目前的探索才刚刚起步，还需要长期的实践才能逐渐找出一套科学合理的教学规律。另外，还要注意一点：音乐课的综合、开放也是有一定条件和限制的，即音乐的主体地位不能动摇，其他学科的内容必须与音乐紧密相关，必须对学生理解、体验、表演、评价音乐有助有益，而不是干扰和削弱音乐学习的分量。切莫把音乐课上成语文课、历史课等非音乐的其他科目。

以上分述了音乐学习领域的相关教学方法。虽然特定的音乐学习内容要求有其特定的音乐教学方法来配合，但这种内在规定性并不是绝对的，并不意味着每一项内容的教学都只能使用这一种或几种方法。反之，正像不同学科之间有综合、交融的可能性一样，不同音乐学习领域的教学方法之间也是可以互相借鉴的。

二、国外音乐教育体系和教学法

在音乐教学中，学习国外著名的音乐教育体系及教学法，对我们音乐教师拓展视野、参考借鉴、提高教学效果具有重要作用。下面介绍一下国外优秀的音乐教育体系和教学法。

（一）达尔克罗兹音乐教育体系

埃米尔·雅克·达尔克罗兹，是瑞士著名的作曲家、音乐教育家，他创立了20世纪最早的音乐教育体系，在国际社会引起了巨大的反响。特别是他的体态律动学说，开拓了音乐教育理论和实践的新领域，具有伟大的革新意义，对整个世界近现代的音乐教育都产生了积极的影响。

1. 达尔克罗兹音乐教育体系的概况

达尔克罗兹是日内瓦音乐学院的教授，在他教学生涯的早期，便发现了音乐学院教学中存在的严重问题，具有高超演奏技巧的学生却不能富有乐感和美感地表现音乐，而只是从机械的角度掌握音乐。这些问题暴露了传统音乐教学方法的弊端，音乐理论与实际音响、音乐感相分离，技术的练习和情感的表现相割裂。同时他还发现，不能按准确速度演奏的学生却能在日常生活中富有节奏感地行走，很多学生在听音乐时能十分自然、近乎本能地作出点足、摇头等有节律的身体反应。由此，他认为音乐教学单单训练脑子、耳朵和嗓音是不够的，还要训练体态、姿势及各种形体动作，需要发音器官、听觉器官和肌肉系统的合作。

他首先在自己的视唱练耳课程中进行试验，设计了许多配合不同节奏类型的动作练习，训练学生对音乐的节奏、韵律作出轻松的身体反应。达尔克罗兹的做法遭到了学院高层的反对，为此达尔克罗兹被迫辞职。不过他仍坚持改革，逐步找出了一些体态律动的基本规律。

达尔克罗兹认为，现代教育忽略了对学生大脑、身体、理性和感觉等方面的全面开发和培养，而体态律动正可以弥补这一缺失，体态律动在人们的精神和身体之间的鸿沟上架设了一条宽广的通道。因为体态律动是融身体、音乐、情感为一体，能不断促进听觉、思维和情感的协调，使人们达到心理和生理上的和谐发展。

1905年，在苏黎世召开的一次国际音乐教育会议上，达尔克罗兹展示了他的教学成果并终于获得了大家的认可。后来，他又把即兴创作加入到自己的教学改革中，以培养学生的创造力和表现力。这标志着达尔克罗兹音乐教育体系的完整构建和最终形成。视唱练耳、体态律动和即兴创作是这一体系中三个不可分割的重要组成部分。1915年，在日内瓦建立了“达尔克罗兹学院”，达尔克罗兹的著作《节奏、音乐和教育》《体态律动、艺术和教育》也分别在1919年和1930年出版。

达尔克罗兹逝世后，他的教学方法继续在世界各地得到普遍的研究、发展和应用，并远远超出了学校音乐教育的范围，在舞蹈、戏剧、体育、绘画、医疗、特殊教育等许多领域都起到了重要作用。

2. 达尔克罗兹音乐教育体系的特点分析

体态律动、视唱练耳、即兴的音乐活动构成了达尔克罗兹音乐教育体系的框架，在实际的教学中，这三者是有机结合在一起的。因为，从倾听音乐开始，再以即兴的身体动作来表现音乐，这本身就是一个联系紧密的完整的过程。以体态律动为中心的达尔克罗兹音乐教育体系有如下特点：

（1）重视体态律动对理解音乐的启发作用

体态律动教学让学习者在聆听音乐的同时以身体的运动来解释音乐的各表现要素，体验音乐表达的情感，以加强对音乐的理解和感受。

达尔克罗兹在谈到体态律动与健美体操和舞蹈的区别时，曾强调指出：体态律动的训练不是模仿动作，它不注重身体姿态或外表形式，而是要将再现音乐所必需的要素“融化”于我们的身心，要发展对音响节奏和身体节奏的通感，要达到能用我们的官能直接反应情感。因此，体态律动最突出的特点就是以音乐为主体，通过体态律动来启发，使人能更好地理解音乐。

（2）实践第一，体验先行

达尔克罗兹强调经验先于抽象，首要的事情是教会儿童运用他所有的感官参与体验，其次才是获得认知和见解。体态律动即是以学生接受音乐经验为主的音乐学习。在体态律动课上，教师讲解少，学生听音乐多。首先用音乐刺激听觉，产生印象，再以动作表现音乐，让概念在身体运动中自然生成，最后才是通过音乐符号，即读谱，将概念具体化为理性知识。因此，虽然体态律动教学所涉及的内容和基本乐理课大致相同，但它强调实践第一、体验先行的特点是和单一理论知识讲授的传统乐理课大相径庭的。

（3）游戏化

体态律动教学把游戏作为主要的教学方式，这是符合儿童身心特点的方法。按照达尔克罗兹的教育观点，应把儿童的身体活动和他们周围世界的自然节奏，特别是儿童的游戏活动，引入到体态律动教学中，以营造生动活泼的学习气氛，带给儿童愉快的心境、良好的自我感觉和自信的表现，让儿童在玩的过程中更好地发挥想象力和创造力，唤醒儿童的音乐意识和音乐本能。游戏化的体态律动课例在达尔克罗兹教学法中可以说是随处可见。

（4）能量、空间、时间的结合

达尔克罗兹认为，身体动作的完成是肌肉能量、空间、时间的综合结果，是三者的完美结合。也就是说，在音乐的时间流动中，依赖身体的运动能量（用力的强度），用具有一定幅度、高度、方向和进行的空间动作来表现音乐的构成要素。若要准确地、有控制的作出节奏运动，就需正确地把握能量、空间、时间三者的比例和关系，找到平衡感。比如，表现快速音乐时，用的力度就较小，活动空间也较窄小；表现强力度的音乐时，要用较慢的速度，使用大的活动空间等。当然，根据具体内容也有很多例外。学生在变化和平衡的体验中，就逐渐能够灵活自如地控制肢体运动，很好地表现流动的音乐。达尔克罗兹在研究动作时发现空间的存在，这也是他对音乐教育的一大贡献。

（5）强调注意力的集中

体态律动旨在构成身体与精神（思维）之间信息传递、自由转换的密切联系，发展大脑与身体的协调性。因此，训练集中注意力的能力就显得格外重要。因为只有思想高度集中时，才能使身体保持控制，听从大脑指令，把听到的音乐快速地反应出来，并转译为合乎音乐要求的动作表现。体态律动教师要随时警觉学生是否集中注意力，如果发现学生出现精神松懈、涣散的情况时，就要立刻更换教学方式或内容，使整个教学保持新鲜状态，让学生能长久集中注意力，以确保体态律动的效果和质量。

（6）强调即兴的反应

体态律动课程强调即兴的反应训练，以培养学生的创造能力和反应能力。达尔克罗兹认为，体态律动不应只是对音乐的再现，也应是学生感受、想象、情感的表现，而即兴正是激发学生这种自我表达的最好方式。

强调学生的即兴动作反应，这就对教师的音乐造诣和素养提出了很高的要求，体态律动的教师需要具备准确的听辨、视奏能力，熟记尽可能多的民歌、童谣和有戏剧性效果的曲调，尤其要具备良好的即兴弹奏能力，以便能创造出恰当的音乐来激发和促进学生的动作表达。

（二）奥尔夫音乐教育体系

卡尔·奥尔夫，德国优秀的作曲家、杰出的音乐教育家，他创建的奥尔夫音乐教育体系和教学法，以其回到原本的教育观念，创造性的教育方法，丰富多样的教学内容，生动灵活的教学手段，引起了各国音乐教育者的兴趣和关注，并在全世界范围内得到了推广。

1. 奥尔夫音乐教育体系的概况

奥尔夫音乐教育体系主要包含嗓音教学、动作教学、器乐教学等。其中，嗓音教学中的节奏朗诵、动作教学中的“声势”、器乐教学中的奥尔夫乐器演奏，这些都是奥尔夫自创的教学方式，是奥式教育的代表性内容。它们是奥尔夫对音乐教育，特别是儿童音乐教育所做的独特贡献，在教学实践中深得师生们的喜爱。由于它们都是适宜节奏训练的内容，因此，人们曾一度将奥尔夫教育称为“节奏教育”。

2. 奥尔夫教学法的特点分析

关于奥尔夫教学法的特点，国内的研究者大都公认其具有原本性、综合性、创造（即兴）性三大特点。“原本性”是奥尔夫教育思想的核心理念，而综合性、创造性等特点都是原本性观念在实践中的具体体现，是从“原本性”这个母体中派生出来的，它们之间不是平行并列的关系，而是上位与下位、总源与支流的关系。在此，暂且不把“原本性”作为奥尔夫教学法的特点来看待，而作为奥氏教育总的思想和原则，以它为指导和统率，再来探讨奥尔夫教学实践中的教学法特点。除了综合性和创造性之外，我们认为，奥尔夫教学法还具有低技术、高艺术以及集体性的特点。

（1）综合性

既然奥尔夫指出他的原本性音乐是将语言、动作、舞蹈紧密结合在一起的，那么很显然，这种音乐体现在教学实践中就必定是含有多种教学内容和方式方法的综合性的教育行为。在奥尔夫的教学中，所有的学习都不是分门别类、单独进行的，而是一个整体。每一项内容都可以作为其他内容的准备、补充和发展，如器乐演奏可以引入语言、声势、歌唱，歌唱练习可以用乐器伴奏或发展为动作等等，这种综合性的学习方式使学生获得更完整和全面的音乐体验。可以说，这是一种将知识传授与情感体验、个性培养相结合的教学方式。

（2）创造性

创造性是奥尔夫教学法最突出的特点。发掘学生的创造潜能是奥式教育的主要目的。在奥尔夫教学法中，创造不是超出学生能力的学习负担，而是他们思想、情感的自然表现过程。并且，创造的目的不仅仅是产生成果，而是要在这种主动的创作过程中发展儿童的想象力和创造力，这也就是我们常说的“重过程而不重结果”的教学方式。很多研究者都认为，奥尔夫教学法的实质就是一种探索—模仿—即兴—创造的学习过程。

（3）低技术、高艺术

从“原本性”的观念出发，奥尔夫认为，越是简单、原始的东西，越具有生命力和无限发展的可能性，也是最符合儿童天性、儿童最容易入门和乐意接受的东西。因此，奥尔夫教学法采用最朴素的、源于生活的音乐材料。

但是，简单不等于粗糙，低技术不等于低艺术，奥尔夫的教学不但对艺术化的音乐表现有着严格要求，对于较高层的音乐学习，如多声部和声训练、作曲等都在音乐学习的最初阶段就已经涉及了，只不过所有技术上的困难被放在儿童容易进入的天地中和充满乐趣、轻松愉快的游戏活动中给不知不觉地消化掉了。所以说，低技术、高艺术也是奥式教育的一个典型特征。

（4）集体性

奥尔夫教学法中的音乐活动大都是由学生集体参与的，不用说合唱合奏，即便是动作教学，也有很多是在集体中相互配合的练习，创作设计更是各小组成员的集体成果。加上奥尔夫教学法注重多声部的训练，这也给学生的集体活动制造了机会，像节奏朗诵、声势、打击乐合奏这些奥尔夫的特色教学，都是多声结构的集体教学。

集体活动给学生提供了交流、分享审美体验和合作的机会，有利于学生树立集体意识和团结精神，使他们意识到个人是寓于群体之中的，要学会协调和配合，处理好个人和集体的关系，锻炼与人合作的能力。

从奥尔夫教学法的这些特点可以看出，奥尔夫的“原本性”音乐教育为儿童进入音乐世界提供了一条最简单、最自然的途径，从中孩子们不仅能得到积极、愉悦、全面的音乐体验，更重要的是，在它所营造的宽松自由的教育环境中，儿童活泼自然的天性得到释放，与生俱来的各种潜能得到发挥，优良的品性得以形成。这对他们未来的成长和可持续发展有着无法言说的重大意义。

（三）柯达伊音乐教育体系

匈牙利著名作曲家、音乐教育家佐尔丹·柯达伊，历经四十年的不懈努力，创立了一种符合匈牙利国情的、具有民族特色的音乐教育体系。这种卓有成效的教育体系，不但在匈牙利官方规定的音乐教育中普遍采用，而且对其他国家的音乐教育也产生了重大的影响。

1. 柯达伊音乐教育体系的概况

柯达伊是匈牙利的音乐文化巨匠，在诸多领域都有突出的成就，在匈牙利人民心中有着崇高的威望。他一生所有的事业都围绕着一个主题：弘扬民族文化，让音乐属于每一个人。

匈牙利由于长期受外来文化影响，在柯达伊诞生的年代，匈牙利人只认同外国的文化传统和趣味，对自己的民族文化知之甚少。在这样的社会背景下生活的柯达伊，以其强烈的爱国热忱、民族精神、忧患意识，把民族文化的振兴、国民素质的提高当作自己崇高的历史使命，并为之奋斗终生。他的音乐教育事业也正是站在这样的高度来展开的。

柯达伊的前半生主要从事音乐创作和民族音乐的研究，后来柯达伊开始密切关注少年儿童的音乐教育，柯达伊为儿童和青少年编写了大量的歌曲、合唱作品、读写教材，在匈牙利被称作“黄金储备”；他还发表了许多重要的关于教育改革方面的文章、评论和讲话；编写了新的教学大纲等。由于柯达伊对教育事业的热爱和献身精神，感召和鼓舞了大批的作曲家、教育家、人民教师积极参与到这项伟大的工程中来。在柯达伊和众人的共同努力下，逐渐形成了一套完整的音乐教育体系，由于这个体系的思想基础、音乐教育观念、原则和方法的构想都来自于柯达伊，因此，被人们统一称作“柯达伊教学法”。

2. 柯达伊教学法的特点分析

柯达伊教学法是柯达伊教育思想的具体实践，是在长期教育改革的探索中逐渐形成的，具有典型的匈牙利特色。其中有些方面不是柯达伊本人的独创，而是根据匈牙利本国音乐教学的实际和需要，借鉴、吸收前人和他国某些行之有效的方法为己所用而来的。这种立足本国国情，兼收并蓄、广纳众长的做法，对我国音乐教育的发展深有启迪。柯达伊教学法的特点主要表现在以下几个方面：

（1）民族性

柯达伊最重要的教育思想就是他的民族音乐教育观。他将匈牙利民族音乐作为学校音乐教育的基础来看待。因此，在这种思想指导下柯达伊教学法，其首要的特点就是它的民族性。

首先，匈牙利民间音乐中存在许多游戏性的儿童歌谣和曲调，柯达伊本人就以此为素材，为儿童的列队行进、律动活动和歌唱游戏编写了上百首的小进行曲。这些儿童音乐游戏充满了民族特征，能为儿童掌握音乐母语打下基础。

其次，在柯达伊的音乐教学中，民间歌曲的学习是最主要的部分。民间歌曲的练习和演唱，经常根据歌词内容设计为对唱、表演唱等形式，同时以传统的、富有幽默感的动作配合，让儿童在愉快的表演和相互的交流中获得艺术的享受。匈牙利民间歌曲中常带有装饰音、花腔和即兴演唱，这些唱法儿童和青少年不易掌握，为此，柯达伊在保持民歌基本韵味不变的基础上，对其进行了改编和创作，使民歌的学习适应了学生的接受能力，贴近了学生的生活实际。

最后，柯达伊教学法将五声音阶体系作为儿童旋律学习的起点。五声音阶音乐是匈牙利民族音乐的典型特征，为此，柯达伊创作了大量的五声音阶音乐的歌唱练习。在教学实践中，五声音阶体系贯穿在歌唱、听觉训练、音乐读写、五线谱知识、多声训练等各项教学内容之中。

（2）提倡歌唱，推崇合唱

把歌唱作为音乐教育的主要手段，是柯达伊教学法的重要特点。这首先是由当时匈牙利贫穷落后的现实情况决定的。只有采取歌唱这一人人都能参与的艺术形式，才能达到普及音乐教育的目的。因此，柯达伊把歌唱放在突出的位置，作为音乐教学的主体部分。

柯达伊不仅重视歌唱，还尤其推崇合唱，在柯达伊的倡导和推动下，匈牙利几乎每所中小学都有自己的合唱队，音乐教师都有娴熟的指挥技能。各种合唱活动也在全国上下广泛开展，匈牙利由此成为名副其实的“合唱之国”。

在唱歌教学的具体方法上，初学阶段主要运用听唱、跟唱的方法，并配合律动、游戏、有情节的表演等活动来学习民间儿童歌曲，着重培养儿童对歌唱和表演的兴趣。到四年级才开始使用视唱法。对儿童的声音训练，不过分强调正规的、技术性的发声，而让儿童通过观察和模仿教师良好的范唱，自己体会如何获得正确的发声，或者利用合唱练习，让儿童在用听觉寻求整体音色的和谐效果时，自觉运用优美、自然的声音。歌唱中基本不使用钢琴伴奏，柯达伊反对对乐器的过分依赖，认为它们会成为人为的拐杖，不利于准确歌唱和听觉的发展。此外，用柯尔文手势辅助歌唱，也是柯达伊歌唱教学的一大特色。

（3）首调唱名体系的运用

首调唱名体系是柯达伊教学法的重要教学手段，是贯穿于各项教学活动的主线。柯达伊教学法采用的首调唱名体系除了首调唱名法，还包括节奏读法、字母谱、柯尔文手势、固定音名唱法等内容。这些都是柯达伊教学法的主要教学工具。

（4）科学的教学方式

柯达伊主张一种直观、感性、愉悦、注重实践和体验的教学方式，这是一种符合儿童身心特点、认知规律和接受能力的科学的教学方法论。柯达伊教学法使用的教学工具，如科尔文手势、字母谱、节奏读法等，都是直观形象的，儿童易入门易掌握的。在音乐读写的训练中，也常常采用游戏、律动、图示等方式进行感性教学，比如，在节拍的教学中，就常让孩子作律动模仿生活中常见的、有固定节奏的动作，如钟摆、拉锯、钉钉、列队行进等来感觉节拍的稳定感和规律性。

一般音乐教育研究者都认为，柯达伊教学法有着高度严谨的结构性和系统性，各音乐要素的学习都有明确的技巧和概念层次。实际上，这种系统性主要就在于柯达伊教学法尊重儿童在音乐能力方面的自然发展过程，这种由浅入深、循序渐进的教学，必然是逻辑严密、系统科学的。

（5）重视音乐读写

柯达伊教学法重视音乐读写，主要指读谱、视唱和听写能力的训练。柯达伊认为，音乐的读写是基本的知识和技能。它能够帮助儿童接触更多的优秀作品，使儿童更快地进入到对音乐的体验中去。但同时他还指出，音乐的读写也不应该是抽象的理论学习，而应该是实践，是听觉能力的培养，是用音乐去思维。所以说，尽管音乐读写在柯达伊教学法中占有重要位置，但这并不意味着柯达伊教学法是单一的知识技能传授。重视音乐读写，其真正目的在于：利用音乐读写这一有效的训练手段，使学生获得敏锐的听觉以及对音乐较为深刻的体验和理解，从而掌握更多的音乐文化。

在柯达伊的视唱教学中，多声思维能力和多声听觉能力的训练，是着重被强调的部分。柯达伊本人就创作了大量的多声部视唱曲。匈牙利普通学校在二年级就开始进行二声部的片段练习。即使是单声部视唱，教师也常附加另一声部，使学生能够在比较、鉴别中判断、调整音准，训练听觉以及协调配合的能力。

（6）丰富系统的教材建设

在20世纪诞生的所有音乐教育体系中，只有柯达伊教育体系有着最为完善的教材系统。它们是柯达伊教育思想得以实施的保证，也是柯达伊教学法体系性地位得以确立的重要依据。

柯达伊以他作曲家高超的创作技术和高屋建瓴的眼光，不仅创作了为数众多的儿童合唱作品，还编写了大量的适于不同程度学习者的音乐教材，这些都是高质量、高水准的艺术精品，是学校音乐教材中的典范。柯达伊的教材大都以匈牙利的民族音乐为素材，以促使学生了解和热爱、继承和发展本民族的传统音乐，同时广泛吸收其他各种风格音乐之精髓，让学生全面接触世界优秀的音乐文化，扩大视野，培养开放性思维。

以民族文化为根基、科学的教学方法论为指导、合唱教学为主要教学内容、高水平教材为保证的柯达伊教学法，为匈牙利音乐文化的发展作出了巨大贡献，也为其他国家探索符合本国国情的、具有民族特色的音乐教育之路树立了一个成功的典范。

（四）综合音乐感教学法

综合音乐感教学法是通过构成音乐的共同性因素进行音乐教育的一种总体的、综合性的教学方法。它是上个世纪六七十年代美国教育改革运动的产物。当时，美国音乐教育界人士进行了许多研究课题，各种音乐教育改革活动相继展开。其中最为令人瞩目的有两项：一项是在美国教育总署艺术人文处资助下的曼哈顿维尔音乐课程计划。另一项是福特基金会赞助的“当代音乐计划”，综合音乐感教学法就是在这项计划中孕育出的重要成果。

综合音乐感教学法强调，音乐学习的各方面应该是互相联系，结合为一个整体的。通过音乐的共同性因素，运用创作、分析、表演等方式，来认识音乐的表现特征，掌握音乐的多样化风格，洞悉音乐在人类中的作用。这种综合性的学习方式，能使学生获得富有意义的、全面完整的音乐实践与体验，让学生的天资、才能与成就感得到无拘束地发挥和确认。综合音乐感教学法的特点主要表现为以下几点：

1. 综合性的音乐教学

综合音乐感教学法的综合性主要体现在三个方面：

首先是音乐各表现要素的综合。综合音乐感教育认为，在世界音乐文化中，无论是哪一种风格和特点的音乐，它都有一些最基本的构成要素，即音乐的共同性要素：音高、时值、音强和音色。这几种要素在音乐的横向组合中形成节奏和旋律；在纵向组合中形成和声和织体；在音乐的表现性质中形成强度和音色。而曲式就是以上各种因素组织起来的整体形状。在教学实践中，教师可根据以上这些构成音乐的共同性要素来规划和设计综合性的课题单元，使学生了解这些因素之间的联系和相互作用。

其次是音乐实践活动的综合。综合音乐感教学主张从学前阶段到大学程度，学生都要通过表演、分析、创作这三项实践活动，来完成对音乐的学习，获取一定的音乐素养。具体说来，表演就是对作品进行表演和再创作，如演唱和演奏等；分析是感知音乐后对音乐进行描述；创作主要指作曲和即兴音乐活动。在综合音乐感教学的课堂上，学生经常综合进行演奏、听赏、描述、作曲和即兴等活动。在活动中，学生同时扮演表演者、听赏者和作曲者的角色。由于学习内容的综合性，使得每一个角色都处于一个综合体中，和其他角色之间相互联系、相互支持。虽然表演、分析、创作三者之间是并重的，但具体到每一堂课，则可根据教学内容的不同而各有侧重。

最后是教学内容的综合。综合音乐感教育把音乐视为各种学问的一个总体，注重音乐艺术与其他文化艺术之间的联系，强调学习的深度和广度。它要求学生在学习音乐的个别要素时，尽可能地利用其他相关的文献和资料，以培养开阔的视野，更深刻地理解和体验音乐。

2. 螺旋上升式的课程结构

综合音乐感教育具有立体螺旋型的课程结构。它的理论基础来源于当时美国教育改革领导人布鲁纳的“学科结构论”。布鲁纳认为，为了使学生尽快掌握必要的学科材料，最有效的途径是让学生理解学科的基本结构。这种方法有利于学生对学科材料形成综合、全面的认识。音乐中的共同性因素：音高、时值（节奏）、力度、音色、曲式，就是音乐最基本的结构性要素，基于这些要素，按照概念复杂程度不断增长，就形成了一种螺旋上升形式的课程结构。

3. 以创造活动为中心的音乐教学

在运用综合音乐感教学法的课堂上，教师需要通过自由探索、引导探索、即兴创作、有计划的即兴创作、巩固概念五个教学环节来引导学生对音乐的学习和体验。

总之，综合音乐素质教育是一种从总体出发的综合性教育，它注重学生全面素质和能力的培养，其中，创造能力的开发又是放在首位的。这与当时美国急于造就出创新人才来振兴科技的特殊心态有关。不过，综合音乐素质教育在训练学生高度的思维能力、创新精神，增强学生的表现欲望和自信心等方面，确实有着积极的作用。

（五）铃木教学法

铃木教学法的创始人是日本小提琴演奏家、音乐教育家铃木镇一。铃木教学法以在儿童早期器乐教育方面取得的巨大成功而闻名世界。上个世纪60年代在日本接受这种教育方法的儿童超过20万人。虽然铃木教学法是一种器乐教学法，不属于普通学校音乐教育的范畴，但它的思想观念和具体方法的某些方面能广泛适用于各种层次和类型的音乐教育。铃木教学法传入中国以后，我国中小学的部分教师在实践中也有一定运用。因此，我们也将它放在本文加以介绍。

铃木教学法又称 “母语教学法”。铃木镇一认为，孩子学会母语的方法是所有教育方法中最有效的一种。音乐教育也是如此，只要能创造出一种像儿童学习本国语言一样的外部环境，那么，任何儿童都可以在音乐上有所成就。铃木教学法在具体实施中有以下特点：

1. 从爱出发的教育

出于对孩子的爱心和尊敬，在教学中，铃木镇一有着极为和蔼可亲的态度和超乎寻常的忍耐力，并经常用夸奖和赞美的方式给学生以鼓励。他建议当孩子练习出现差错时，不要当场指责和训斥，最好等到事情过后再讲道理给他听。当孩子不愿意学时，可能是因为乐器不好，或是教师的教法不妥，硬逼孩子练习是极不明智的。铃木镇一用自己无尽的爱心去维护孩子的自信心和学习的兴趣。当孩子们紧张地第一次在铃木镇一面前拉完一首乐曲时，他并不说是好还是不好，只是摸着他们的小脸蛋说：“笑一个让我看看。笑笑，音乐是在轻松愉悦气氛中演奏的东西，所以，首先应该笑。”

2. 创造音乐的听觉环境

儿童对母语的习得，主要靠的是周围的母语环境。同样，只要有良好的音乐环境也能够造就有音乐能力的孩子。铃木镇一的音乐教学，首要的要求就是让父母提供给孩子美好的音乐，让音乐充满孩子的生活。对于准备学习演奏的曲目，更是要反复地聆听，听熟以后再学，不但学得快，而且也为孩子的演奏树立了一个高水平的标准。当然，这就需要对所听的音乐精心选择。铃木镇一要求给孩子们听的都是最好的作曲家创作的，这是一种用听觉引导儿童学习音乐的方式，它对于培养儿童具有“音乐的耳朵”大有裨益，其效果远胜于从辨认音乐符号、概念开始的音乐学习。

3. 用重复、模仿的方法进行大量练习

母语的学习是不断模仿和重复的过程。在学习音乐的过程中，也要充分重视模仿和重复的作用。用模仿的方法学会乐曲之后，还需要坚持大量练习。铃木镇一曾强调指出，坚持反复练习不但是使儿童在音乐上形成快速直觉反应能力的必要条件，而且也有利于儿童形成坚忍不拔的意志品质和持之以恒的良好学习习惯。重复的训练方法贯穿儿童学琴的始终，即便是在孩子学会新的乐曲和形成新的技巧时，也不放弃复习前面的乐曲和技术。不断重复的训练使孩子的演奏技艺日渐纯熟完美，音乐的处理也越来越有表现力。

4. 家长参与学习

铃木教学法很注重家长参与，特别是母亲在儿童学习音乐中的作用。因为儿童的音乐能力发展在很大程度上会受到家庭环境的影响。为此，铃木镇一要求孩子的母亲和孩子一起学习音乐，并以自己对音乐的热爱和认真的练习态度为孩子树立榜样，感染和带动孩子努力学习。而且，母亲要用自己和孩子之间特殊的感情关系，经常肯定和激励孩子，增强孩子的自信。争取家长的支持和合作，也是铃木教学法得以成功的保证。

5. 集体教学

铃木镇一认为，在集体的学习环境中，儿童可以获得更接近自身水平的技术榜样和态度榜样，从而提高学习热情。铃木镇一的教学每周都有一次集体课。经过一段学习后要定期组织音乐会。初学的儿童刚学会一些简单的乐曲时，就让他与小朋友合奏。铃木镇一曾明确地建议教师，至少每月安排两次这样的集体教学课，以便让年幼的儿童有机会向比他们年长、水平高一些的儿童学习。

总之，铃木教学法运用 “母语教学”的原则，证明了任何儿童都可以通过后天的培养成为有音乐才能的人。更重要的是，这是一种爱的教育。极大的爱心和耐心以及高尚的情操、渊博的知识、精湛的专业技能、严格认真的作风，是铃木教学法对教师的要求。

（六）卡巴列夫斯基的新音乐教学大纲

卡巴列夫斯基，苏联作曲家、音乐教育家。他将一生中的大部分精力都投入到儿童音乐教育中，为孩子创作、著书，指导中小学的音乐教学工作。70年代初，卡巴列夫斯基主持国家教育部的 “音乐实验室” 工作，领导制定了新的音乐教学大纲。

70岁时，他毅然辞去莫斯科音乐学院教授的职务，亲自到普通小学任教，研究和验证新大纲的实施效果。

卡巴列夫斯基十分推崇苏联著名教育家苏霍姆林斯基的教育思想，并把苏氏的名言“音乐教育不是培养音乐家，首先是培养人”作为新大纲的题词。卡巴列夫斯基认为，对于音乐，道德内容是它的灵魂。因此，实施新音乐教学大纲的目的，不仅是仅为了使学生掌握某些音乐技能技巧，更是要促使学生形成正确的审美价值观，培养完善的人格，提高修养。

新音乐教学大纲在实施中主要有以下特点：

1.“三个支柱”

新大纲最突出的特点就是它的“三个支柱”。卡巴列夫斯基将歌唱、舞蹈、进行曲这三种形式比喻为构成音乐课程的“三个支柱”，作为课程的基本内容。他认为，歌唱、舞蹈、进行曲是各民族共有的音乐基础，而其他音乐形式则是他们的变体。因此，将它们作为音乐学习的基础，会引起儿童的兴趣，增强学习的信心。另外，这三者也是进入更广泛的音乐领域的入口，如交响乐、舞剧、大合唱等，也能把更有深度的学习内容，如音调、音乐的发展、各种音乐结构、世界各民族的音乐等带进教学，从而使学生的音乐视野变得开阔，音乐修养得以全面提高。

2. 用音乐吸引学生，在实践中学习音乐

卡巴列夫斯基认为，音乐教学的首要任务是要培养学生对音乐的兴趣和热爱。要达到这个目的，就需要教师在教学中通过音乐本身来吸引学生，使他们在充满音乐美的环境中自发喜爱上音乐。教音乐是为了把学生引入音乐的境界，通过聆听，让孩子对音乐充满情感，并有自己的理解，这才是最重要的。因此，为了避免理论说教和技术训练，新大纲在一年级的教学内容中完全删去了基本乐理方面的内容。

卡巴列夫斯基提醒青年教师记住，音乐课的枯燥无味是最无法容忍的，教师要学会微笑和幽默，为学生创造愉悦的课堂氛围。引导学生进行各种生动活泼的音乐表演，让学生在实践活动中逐渐感受和掌握音乐的不同概念形式。如为了保持从幼儿园到一年级的连续性，新大纲中保留了一些与律动有关的游戏歌曲，如果教室有钢琴，师生之间可以进行四手联，这也是新大纲的一项特色内容，此外，小合奏也是课堂上经常进行的活动。

3. 利用音乐本身的特点来教育学生

新大纲的精髓之处在于：它着重研究了教师应当怎样教和教什么的问题。卡巴列夫斯基指出，许多教师在教音乐课时常常过分依赖心理学、生理学和社会学的知识，却忘了利用音乐本身的规律和特点来教育学生。另外，他不主张将音乐课作为一种消遣，而应作为生活的一部分，通过音乐课发展学生对音乐美的感知能力和创造能力。

新大纲的内容和方法充分体现了音乐课的特殊性和内在规律性，如“三个支柱”的教学即是如此。通过它们，发展学生的思维、拓宽学生的视野，使他们感受到音乐、文学、造型艺术及人类文明史之间的相互联系，尤其是感受音乐和生活的关系。

4. 以专题形式安排教学

新大纲是由一系列课题组成的，也就是按专题的形式进行教学。每个年级都有一些主要教学题目，如一年级的是《三根支柱——歌曲、舞曲、进行曲》《音乐表达什么》《音乐的语言是什么》；二年级的是《音调》《音乐的发展》《音乐的结构》。

这种编排方法使教学内容既相对独立又有内在的连续性，使唱歌、乐理、欣赏等音乐课的各组成部分有机地统一起来了。但是，这些题目并不是绝对固定的，教师可以在学期和全年的大纲范围内将教学内容灵活安排，机动地进行教学。

卡巴列夫斯基的新音乐教学大纲以其深刻的教育理念、丰富的教学内容、独特的课程结构，成为一种新的音乐教育体系。但它最大的贡献还是在于：它使人们注意到音乐在促进学生精神发展方面的重要价值，正像苏霍姆林斯基说的那样：“学校音乐课的一切形式都应该旨在发展学生的精神生活。”

（七）萨蒂斯·科尔曼的儿童创造性音乐教学

萨蒂斯·科尔曼是20世纪美国著名的儿童音乐教育家。1918年，科尔曼在美国哥伦比亚大学进行了“儿童创造性音乐教学”的改革。这项改革对美国二三十年代的儿童音乐教育产生了重大的影响，也对我国的音乐教学有着深刻的启发。

科尔曼认为，学习音乐，应该是体验第一。她强调知识是个体在自然发展过程中通过个人经验获得的。为此，她的教学通过乐器制作、即兴表演、唱歌、跳舞和音乐创作等实践活动，给予儿童自由表现的机会，让他们去主动地学习和进行自我的创作，从而真正去体验音乐。科尔曼儿童音乐教学的特点主要有：

1. 自制乐器的活动

让孩子制作他们自己的乐器，是科尔曼音乐教学法的独特之处。科尔曼认为，所有的儿童都具有创造的天性，有探索音乐的倾向，而自制乐器的活动正是挖掘儿童创造潜能的好方式。儿童会运用自己的想象去寻找合适的材料，尝试各种方法，当他的制作进程不断深入时，他们探索发现的思维能力也在不断增强。在这种手和脑的创造活动中，产生的不仅是音乐成果，同时孩子的个性、心智也会得到很好的发展。

科尔曼认为，在儿童学习音乐的过程中，往往由于乐器的复杂和难以掌握而丧失许多感受音乐的机会，通过乐器制作则可以让儿童重返原始的自然音乐环境中，从最初的、简单的音乐活动起步来体验音乐发展的历程。在科尔曼的教学中，孩子们用碗、椰壳、调料盒做鼓；用不同大小的银勺悬挂在一条弦上做成打击乐器；用不同长度、厚度的头做成不同音高的木琴；在玻璃杯中放入不同量的水，做成不同音高的水杯琴；用芦苇、牛角、葫芦等做成各种管乐器；在木车轮的车圈上固定几根同样粗细但长度不同的棉绳做成竖琴等等。在亲自动手制作的过程中，孩子们经历了从打击乐到吹管乐再到弓弦乐，由简单到复杂的乐器发展史。这种方式将孩子们所学的乐器简化，从而使每个孩子都有能力参与乐器的学习、体验音乐。

2. 强调即兴创作

除了乐器制作，科尔曼尤其强调即兴的活动，给儿童提供自由表现的机会，培养他们的创造能力。在她看来，儿童都有创作的天赋，问题是这种天赋能否得到很好地发掘和保护。为此，她常鼓励孩子，只要有想法，就可以用唱、跳、奏等各种方式表达出来。

科尔曼的儿童创造性音乐教学强调音乐的教学是一种过程，强调儿童的个体经验在这一过程中的获得和发展，为此，“做中学”是其教学的基本原则。在科尔曼的教学中，儿童通过自己的主动实践活动成为音乐学习的主体，自觉地获得在音乐审美、情感体验和知识技能等各方面的经验；自觉地培养创造能力、独立思考能力。

（八）卡拉博·科恩教学法

卡拉博·科恩教学法是由当代美国小提琴家、音乐教育家卡拉博·科恩创立的，是面向幼儿和小学儿童的音乐教学法。目前，这一教学法已被美国和世界上很多国家所采用。

在卡拉博·科恩的教学环境中，音乐教室的各个角落，甚至师生的衣帽上都画有五线谱的大谱表。另外，教室还备有师生自制的许多教具，如乐谱盒、乐谱卡、线谱棒和用硬纸剪成的各种音符等。儿童的音乐生活就是在这样形象直观、实物化的环境中进行的。在这里，儿童和周围的一切融为了一体。

卡拉博·科恩认为，通过长期与特殊音乐环境之间的相互作用，儿童会自然地把这种外部环境中蕴含的各种音乐要素吸收、强化和记忆，最后形成儿童自己的音乐概念。并且，这种方法能很好吸引儿童的注意力，激发他们的兴趣，这也符合儿童好玩好动的身心特点，能使他们主动积极地去探索和体验。

通过以上介绍和分析，不难看出，这些国外音乐教育体系及教学法在一定程度上具有某些共同的特点：一、音乐教育的终极目的是培养全面发展的人。奥尔夫曾说，他所关注的一切不是音乐，而是精神的探讨；柯达伊的教育思想基础是他对音乐与人的全面发展关系的理解；铃木镇一的“才能教育”旨在把孩子培养成优秀的人；卡巴列夫斯基把“音乐教育不是培养音乐家，首先是培养人”的观念作为自己教育改革和试验的指导思想。可见，他们都将音乐教育的本质归结到人的发展上，这是一种人本主义的音乐教育价值观。正是这种“人本位”而非“学科本位”的进步教育思想，才使得他们的体系和方法具有长久旺盛的生命力。二、注重创造能力的培养。现代社会需要具有开拓创新能力的人才，而艺术教育在培养人的创造能力方面有着特殊的作用。具有远见卓识的音乐教育家们都认识到了这一点。几乎在20世纪所有的音乐教育体系中都含有创造教学的内容，尤其是即兴的创造。在这些音乐创作活动中，能否产生创作成品是次要的，重要的是在创造的过程中孩子们体验到的探索的乐趣和成功的喜悦，以及儿童个性、见解的施展和表达。三、教学活动以学生为主体，强调主动参与。这些教学法改变了教师控制课堂局面的传统教学模式，把学生自主自由的学习活动作为音乐教学的重点，教师不再以权威者的身份对学生进行单向的知识灌输，师生之间是互相启发、互动交流的关系。这也是这些先进教学法在实施过程中的一个共同特点。四、根据学生的年龄特点和接受能力安排教学。柯达伊按照“儿童自然发展法则”编排教材和教学进度；此外，无论是奥尔夫的节奏朗诵、声势、乐器演奏教学，还是达尔克罗兹的体态律动教学、科尔曼的乐器制作教学、科恩的特殊环境教学等等，这些教学活动大都是以游戏的形式出现的，而游戏正是符合儿童身心特点的科学的教学方式。从儿童的兴趣和需要出发，尊重儿童发展的客观规律，这是现代教育必须遵循的一项基本原则。

这些国外著名的音乐教育体系和教学法对音乐教育的本质、目的、功能以及方法手段运用上的实践问题等方面都进行了较为深入的探讨和改革，并取得了卓越的成果。比较研究这些先进的理念和方法，对我国当前的音乐教育改革具有重要的借鉴意义。

第三章 高中音乐教学方法的选择

高中音乐教学方法的选择有着自身的要求和遵循的原则，在选择时要依据音乐课程教材、教学过程、教学环境、教师教学能力、学生学习能力等要素来进行，尤其需要注意的是，高中音乐教学方法与小学和初中音乐教学方法相比，更注重学生的学习接受能力。

一、高中音乐教学方法的选择要求

教学方法作为基本概念存在于各种学科教育中，很多关于教育学和教学论著作中对教学方法的选择要求归纳出许多的使用原则，如教学方法的面向全体、因材施教、直观性、启发诱导等原则，这是根本性的原则，任何学科的教学法实施都必须依照这些根本性原则，音乐教学方法同样如此。音乐教学法原则也是音乐教学法理论中的基本概念，是我们在实施音乐教学中组织、计划、评价及构建音乐教学方法所必须遵循的基本原理。它是我们在实施音乐教学过程中采取音乐教学方法的基础，具有科学的思想指导，决定着师生在音乐教学中采用什么样的教学方式及学习方式。

二、高中音乐教学方法的选择

在高中音乐教学方法的选择要求问题中，我们讲到了教学方法的一般原则和音乐教学方法的特殊原则，下面谈谈在遵循这些教学方法原则下，如何进行高中音乐教学方法的选择。

（一）熟悉以高中音乐教材为中心的各教学要素

从教师的角度来看这个问题，在选择高中音乐教学方法之前，教师必须熟悉教学任务及相关的要素，要将教材内容具体化，这是教学方法选择的立足点。我们通常认为教学任务是通过实施教学内容来落实的，因而，在选择音乐教学方法时必须要考虑音乐教材的特点和相关要素，知道这些要素在教学过程中的地位，如图一所示。

图一　音乐教学过程基本要素

教学目的和任务	教材内容	教师可能性	学生学习可能性	外部条件
学科思想 教学理论 教学大纲 技能要求 技巧要求	课程题材 课程背景 课程特点 课程知识点	教师理论 教师作风 教师专业能力 教师经验	学生心理 年龄特征 学习准备 身体发展 智力发展	社会环境 校园环境 网络设施 活动场所 设备乐器

从图一中所列举的各种要素看，每一个要素都有其一定的地位，起着一定的作用，因此，我们在选择音乐教学方法时，必须要熟悉以高中音乐教材为中心的各教学要素，也就是说，音乐教学方法的选择必须遵循这些要素。同时，还要熟悉高中音乐教材难易程度。高中音乐教材有别于小学和初中音乐教材，小学音乐教材相对简单，初中音乐教材难度有所提升，高中音乐教材难度加大，这个时期的教材主要以音乐鉴赏为主，故高中音乐教学方法的选择要符合这一特点。

（二）研究和掌握学生学习需求

从学生的角度来看这个问题，在选择高中音乐教学方法之前，教师必须研究和了解高中生年龄和行为特点。他们从小学到初中的9年时间里，在学习知识、技能掌握、事物判断、社会实践都有了一定的发展，具有了基本的教育修养，对一些问题也有了主观上的判断能力，在进入高中学习阶段后，这种主观上的意识形成就更加强烈，学生们迈入了成年人的意识领域，在对问题的判断上，掌握了各学科的实际操作技巧和能力，包括音乐学科，形成了自己做结论和概括的习惯，这是高中学生的一大特点，而高中学生这一特点，直接影响着音乐教学方法的选择。因此，音乐教学方法的选择必须要把学生的年龄和行为特点考虑进去。音乐教师必须预先研究学生的学习态度、探究能力、耐性能力、组织能力、独立活动能力、实际操作能力、驾驭能力等，只有这样音乐教学方法的选择才不会与高中音乐教学脱节，才能达到音乐教学的最终目的。

（三）分析和利用高中音乐教学外部条件

高中音乐教学外部学科分为软条件和硬条件。软条件是一种精神环境，硬条件是一种物质环境。软条件主要是指音乐教学中具有影响学生思想和行为的文化意识、学习意识、学习氛围、知识理论、学科技能等。硬件条件是指音乐教学中具有服务和保障作用的教学场所、音乐器械、音响设备、网络媒体等基础设备和设施。我们在选择高中音乐教学方法要充分考虑这一外部条件，主要把握好以下几点：

1. 把握好动态的高中音乐教学软环境

我们说高中学习阶段学生的思想意识是一个蜕变的过程，同时呈现出不稳定的特征，易受到环境影响。所以及时了解和准确把握非常重要，对此要注意开展好两个方面的工作，第一方面，面向高中生群体，了解和掌握高中生动态的软条件情况，即学生文化意识的程度如何，学习意识的强弱如何，学习氛围的浓淡如何，知识和理论深浅如何，学科技能和技巧掌握如何。第二方面，了解的角度和层面要广泛。从了解教学软环境的层面上讲，可以分级部为单位了解，还可以分班级为单位了解。因为，在实际的教学中确实存在着认同上的差异性，这一点我们必须清楚。这也是今后在选择音乐教学方法时实施差异教学法的基础。从了解教学软环境的角度上讲，可以分为学生学习成绩不同等次进行了解，还可与分为学生对音乐学科不同学习兴趣进行了解，这也是因为这种学习的氛围影响着音乐教学方法的选择，关系到音乐教学效果。

2. 把握好良好的高中音乐教学硬环境

随着社会物质文明不断的发展，教学硬件设施也逐步得到了改善，特别是活动场所的改善和多媒体互联网出现，为高中音乐教学带来了前所未有的机遇，得到了广大学生的喜爱。而这些硬件设施的出现还赋予音乐教学特殊的使命，如多媒体的音乐作品声音效果、音乐作品的视觉效果、音乐作品的视频编辑效果、学生与影视音效的配合效果等，这都为音乐教学提供了重要的作用。

3. 把握好软环境和硬环境的对位

这主要是强调在选择高中音乐教学法时，要注意处理好软环境和硬环境的关系，切勿顾此失彼，不能一味强调软环境重要还是硬环境重要；更不能在教学中出现只重视软环境，忽视硬环境，或者只重视硬环境，忽视软环境，两者是共处一体，只是两者占用比例多少而已。比如一节课的内容是音乐作品鉴赏，教师依据学生的学习采取口述的音乐教学方法，从一节课开始就讲解，到课堂结束时还是讲解，容易引起学生的厌烦情绪，想必这样的教学效果不会好。还有教师为了教学生动，活跃课堂气氛，从一节课开始就播放影视资料，到课堂结束时还是播放影视资料，容易引起学生的视觉疲劳，这样的教学效果不会太好。我们强调合理运用软硬条件，兼容两个方面的情况，是我们高中音乐教学方法选择的选项。

（四）设定音乐教学方法

在我们分析了以上高中音乐教学方法选择要素后，接下来将进入高中音乐教学方法设定分析。首先强调的是高中音乐教学方法的设定是建立在综合把握音乐教学过程中各要素的基础上进行的，采取何种音乐教学方法必须围绕音乐教学目的和教师、学生、环境等因素设定，同时音乐教学方法的设定需要实际教学来验证。下面以音乐鉴赏课《少女的祈祷》为例，分析其教学方法的设定，作为参考。

《少女的祈祷》作品的教学设计建议大致内容见图二：

图二　教学设计建议

根据本课的教学目的，结合选材特点，在教学过程的设计上，以下五点建议可供任课教师参考：
1. 本单元为高中学生的起始课，建议安排一个课时。本课的开始可以进行 5分钟—8分钟的热身活动，让学生对老师有一个初步印象。然后进行欣赏活动。作品可以作为精听曲目，可先分段赏析，而后再综合地欣赏（复听）
2. 引导学生带着期待来欣赏与感受。特别是课文中写明作曲家写作这首乐曲时年仅18岁，与高中生年龄相仿，就更能激起学生欣赏的兴趣。这种兴趣源于内心的一种审美期待——欲知少女在“祈祷”什么？从而专注地去听赏和感受音乐
3. 在展开联想与想象的基础上，设计一些可感而未知的问题，引导学生探究。如钢琴曲，音乐优美、明朗而略显高贵、华丽，起伏流动的琴音如涌动的波澜。这样的音乐，为何冠以“少女的祈祷”这一标题呢？这位少女是谁？她是在祈祷，还是在倾诉？或是在回忆？还是沉思？这些问题皆可直接作为学生的探究课题。探究的结果，最后则自然归结到“音乐能告诉我们什么”“怎样欣赏音乐”的主题上，从而使教学过程完全沉浸于与音乐的对话之中
4. 通过讨论交流与师生互动，达到感性认识的升华。上述探究课题，是在聆听与感受音乐的过程中生发出来的。教师参与其中，认真听取同学们的发言，并可陈述自己对音乐的感受，但不要将自己的感受强加给所有的学生，而应引导学生在讨论中潜心感悟和自我总结，促进学生感性认识得以升华
5. 将对音乐的听觉感知贯穿于审美体验的全过程。对音乐作品的听觉感知是理性认识的基础，设计问题、引导学生讨论交流的前提是学生对音乐作品完整而充分地聆听。面对这样的作品，宜抓住作品中突出的音乐要素，引领听觉感知。如《少女的祈祷》钢琴颗粒性的音色，清脆而富于弹性。其次，这首乐曲的结构明晰，由主题和四个变奏组成，段落分明，很容易对主题进行“追踪”。故引导学生在听赏时抓住这些表现特点，有助于学生更深入地进行审美体验

现在我们套用音乐教学方法选择要素来分析一下，用组成结构图的形式得出如图三的结果。

图三 《少女的祈祷》教学方法设计

教学方法要素	要素内容	要素分析	可选方法
教学目的和任务	学科思想 教学理论 教学大纲 技能要求 技巧要求	享受作品、增进兴趣爱好，概括艺术具象性、语义性，掌握音乐表现要素作用	启发法 引导法
教材内容	课程题材 课程背景 课程特点 课程知识点	欣赏作品，探讨“音乐能告诉我们什么”，理解音乐的艺术特征和呈现方式，对标题音乐的认识	探究法
教师 可能性	教师理论 教师作风 教师能力 教师经验	热身活动，以音乐教学活动为主线，以“音乐能告诉我们什么”为导语，与学生沟通，让学生对教师有一个初步印象。有自身具备的识谱、提问、画图、叙述能力	互动法 交流法
学生学习可能性	学生心理 年龄特征 学习准备 身体发展 智力发展	作品作者与高中生年龄相仿，高中生能产生同龄人的情感共鸣，能引起高中生自主学习的期待和新鲜感	探究法 概括法 体验法
外部条件	社会环境 校园环境 网络设施 活动场所 设备乐器	《少女的祈祷》能激起审美期待，引起同学——欲知她在“祈祷”什么的共鸣，配合音响设备	利用法 感知法

从上图表中可以看出，《少女的祈祷》这节课的教学设计建议符合选择音乐教学方法要素，可以说此教学方法的选择在教学过程中的各个阶段得到了充分体现，具体分析如下：

1. 体现教学目的和任务要素的教学方法选择。教材以“音乐能告诉我们什么”为任务，以感受与认识为目标，在选择教学方法时，教材首先考虑了学生们刚开始学习时的接受能力，在用陈述理论性音乐知识开讲还是用欣赏音乐作品开讲的方式上，选择由近及远的做法，先用高中学生更容易接受的开讲方式进行授课，教师再采用启发、引导方式提出相关问题呈现给学生，即教师选择的是启发法和引导法的音乐教学方法。

2. 体现教材内容要素的教学方法选择。所例举教材是从钢琴音色入手，力求从学生的听觉上吸引学生的审美期待。作品由主题和四个变奏组成，段落清晰分明，特别能引起学生对《少女的祈祷》的兴趣，促使学生探寻少女在“祈祷”什么？如书中所讲，是在祈祷，还是在倾述，还是在回忆，还是在沉思，教材抓住这点，设计出一些可感而未知的问题，引导学生去探究，故教师可选择探究法的音乐教学方法。

3. 体现教师可能性要素的教学方法选择。我们说教师是教学工作的组织者，也是教学工作的参与者，教师的教学能力是保证教学效果的一个重要方面，基于这方面的要求，提出音乐教学方法选择教师可能性的要求。从所举例中我们看出，教师的可能性体现在与学生的热身活动中，教师以音乐教学活动为主线，以“音乐能告诉我们什么”为导语，让学生对教师有一个初步印象，与学生沟通。教师要认真听取学生的发言，陈述自己对音乐的感受，引导学生在讨论中潜心感悟和自我总结，帮助学生提升审美能力。教师自身具备的识谱、提问、画图、叙述能力也提供了教学的可能性。因此，可选互动法、交流法的音乐教学方法。

4. 体现学生可能性要素的教学方法选择。此课例中，具备与高中学生的近距离感，作品的作者与高中生年龄相仿，能产生同龄人的亲切感，能引起高中生自主学习的期待和新鲜感。特别是高中生喜欢聆听故事情节非常强烈，并带有遐想的音乐作品。此课就具有这一特点，由于喜好和感兴趣，也增强了学生的话语权，通过音乐的听赏和学习，可获得精神上的享受，通过生活的体验，获得知识和审美意识的概括总结。故而此课的音乐教学方法可选择探究法、概括法、体验法。

5. 体现外部条件要素的教学方法选择。在这点上虽然课例当中没有明确提出，但作为选择音乐教学方法的要素确是存在每一节课当中，应该说没有哪节课可以游离于外部条件之外。针对这一问题，每一位教师都会利用这一条件，辅助教学。此课例虽然没有明确提到，不等于没考虑。我们可假设一下，《少女的祈祷》能否引起学生的关注，我们会说是可以的，因为作品属于标题音乐，往往从标题上就可以让人浮想联翩，一探究竟。而要使作品更生动地呈现给学生，利用多媒体和教学设备做辅助是必然的。故音乐教学方法可选择展示法、感知法。

以上就是我们对课例《少女的祈祷》教学方法的选择所作的分析。值得强调的是，音乐教学方法的选择还需在教学中得到检验，即实施教学评价，这样才能保证音乐教学效果的最大化。

三、高中音乐教学方法选择中存在的问题及解决办法

在高中音乐教学方法选择中，我们对基本的要素进行了研究分析，讲明了各自的要求和作用，对这些要求和作用，教师在实际教学中也都认识到了这些问题，在掌握了一些音乐教学方法要素后，选择了不同的音乐教学方法开展教学。但是许多音乐教师却感到不少的困惑，总觉得选择的音乐教学方法教学效果不理想，大概有以下一些现象：

例1：高中音乐教学方法综合性选择问题。一节音乐作品鉴赏课后，教师提问：“你们觉得这节音乐作品鉴赏课怎么样？”许多学生的回答是：“这节课没明白重点是什么”“这个音乐作品很好听”“学习这个音乐作品有什么用”。很显然，学生这

样的回答是不能让人满意的。对此，我们乐见的学生回答应该是："这节课的音乐作品给予人心灵上的震撼""这节课使我懂得了音乐作品所表达的是人类极其丰富的思想感情""欣赏音乐作品可以使人振奋精神""欣赏音乐作品使我感受到音乐带给人精神上的享受"。应该说这样的回答，是我们音乐教学任务和教学目标所期盼的。那么，为什么学生会出现前面让我们不满意的回答呢？主要的原因是：许多音乐教师偏重于用课堂口述和音乐作品展示方法开展教学，往往专注于音乐技能和技巧，而且基本上采用这些不变的方法进行多个音乐章节的教学，很少通过学生参与互动、亲身体验活动的方法来激发学生的学习积极性。结果是学生在音乐知识的学习和个人思想品德的修养上没有得到有效的熏陶，只是机械地学习音乐技能和技巧，没有形成自我学习兴趣，也没有提高音乐审美能力。这样的教学效果自然是不理想的。

我们从高中音乐教学方法的选择要素来分析和判断，上面讲到的音乐课堂教学，在熟悉音乐教材特点和高中生年龄特点上没有达到高中音乐教学方法选择的要求。我们说高中音乐教材处于学生初级教育阶段教材的最顶端，它注重的是音乐作品鉴赏中的艺术性，不是像做数学题那样要求标准答案，更多的是意识上的要求，需要通过思维活动、启发活动及探究活动来培养。而针对高中生年龄特征，如求知欲望浓厚、独立思考能力旺盛、竞争意识强烈等特点，需要高中生通过亲身参与教学、体验活动及自我表现来实现。如高中音乐作品鉴赏课的教学，教师在选择音乐教学方法时，必须要对所授课的条件进行具体分析（这一点许多教师做得不够好），教师应该将授课所具备的条件与课的目的、任务及教学形式相对照，通过获知的信息，经深思熟虑后，作出有根据的分析。需要指出的是音乐教师必须完整地把握音乐教学方法综合性的要求，即：音乐教学原则、音乐教学目的、音乐教学任务、音乐教学可能性、音乐教学内容、音乐教学条件。可根据音乐教学过程中各要素设定不同的教学方法，就高中音乐鉴赏课的教学方法设定而言，可选择讲解法、启发法、情境法、表现法、借助法等。如下图四所示。

图四 高中音乐鉴赏课教学方法选择措施

音乐教学要素	可选择的教学方法	选择教学方法的原因	具体教学措施	可克服的问题
音乐教学原则、目的、任务	口述法 直观法	依据教学原则要求、课堂教学任务特点	1. 在音乐教师指导下进行学习活动 2. 实施图示教学 3. 进行课堂学习交流	克服教学形式的片面性
音乐教学可能性	探索法 归纳法 演绎法 操作法	依据音乐教师对教学过程的了解和音乐教师的修养 依据学生的探究活动、独立操作、学习态度和自我发展程度	1. 依据音乐教师综合能力，选择恰当的教学方法 2. 研究学生学习接受能力，保持学生的学习积极性和兴趣	克服教学方法选择上的随意性
音乐教学内容	实际操作法 表现法 演绎法 体验法 探究法 情境创设法	依据音乐教材各阶段教学内容的特点	1. 激发学生的学习兴趣 2. 活跃课堂气氛 3. 培养学生的思维及独立思考精神	克服音乐教学方法的单一性
音乐教学条件	实际操作法	依据音乐教学方法选择要求	利用教学设备辅助教学，使音乐教学效果最大化	克服音乐教学单一性

上图表述的是音乐教学方法选择上存在的问题及解决措施，需要强调的是，音乐教学方法的选择必须要综合运用，如果在没有考虑所有选择音乐教学方法要素的情况下，选择音乐教学方法是不完整的，它将影响到整套音乐教学方法运行，达不到预期的效果。

例2：高中音乐教学方法优选问题。在对音乐教师选择音乐教学方法的调查中，一些音乐教师反映，他们是按着高中音乐教学大纲来实施教学的，也采取了不少的教学方法，但从学生反馈的情况来看，得到的是学生的抱怨，他们说：“没有理解教师的讲解”“对教师提出的问题不知怎样回答”“课堂内容体验不够”。对此，在进一步的调查中，发现音乐教师在进行诸如鉴赏课教学时，往往专注于固有的音乐作品曲调知识的学习、技能技巧的传授，学生的独立学习、积极参与、自我表现被音乐教师的课堂口述等代替，这样，势必会降低音乐课教学效果。这些问题的出现，其原因主要有两点：一是音乐教师对音乐教学方法的多样性见解有局限性。在音乐教学中音乐教师大多采用的是口述法、实际操作法（学生演唱），并在相当长的时间里一直沿用这种固定的音乐教学方法，甚至不愿改变已经习惯了的教学模式，从而造成音乐教学方法单一问题。而事实上讲，这种音乐教学方法已严重妨碍了音乐教学的发展。我们讲音乐教学方法选择一定要符合音乐教学各要素，其中在教师和学生的可能性要素上要与实际教学状况相对应。那么，在高中音乐教学中需要注意的是什么呢？依据高中生的特征，需要激发学生的对音乐学科的兴趣，活跃学生的思维及独立思考的精神，相对应可选择具有探讨问题、创设情境内容的启发式、探究式方法，可选择具有激发学生学习兴趣、增加学生记忆、实现学生自已作结论和概括愿望的表现式、体验式方法。二是音乐教师对音乐教学方法优选的缺乏性。在实际教学中了解到，音乐教师在音乐教学方法的选择上，并不是缺乏与之相应的选择条件和基础，而是在掌握了一定的音乐教学方法的多样性后，在具体音乐教学方法的选择上没有做到教学方法的优选。在这一点上我们要求在选择音乐教学方法时，注意运用比较效果的观点来判断使用何种音乐教学方法，哪种方法更有利于解决音乐教学问题，或者更有利于被学生接受，就应该考虑选择哪种音乐教学方法，同时，还应对选择的音乐教学方法可能性进行评估，防止选择音乐教学方法的盲目性和随意性，防止陈就刻板不变的施教。

例3：高中音乐教学法选择中教师能力问题。在调查了解中我们还发现，一些音乐教师在音乐教学方法的选择上，采用的音乐教学方法不够宽泛，具有相当程度的局限性，音乐教师在音乐教学方法选择中的空间想象、灵活性方面显得办法不多，往往采用固定的一两种音乐教学方法来实施整本音乐教材。这些问题的存在，实际上反映出一些音乐教师的教学综合能力不足和面对丰富多彩的高中教学环境准备不足、研究不够。其原因主要有：一是音乐教师关于音乐教学方法方面的知识欠缺，尤其是自我学习不足。一些音乐教师因教学时间安排紧、音乐活动多等客观原因，没有充足的时间安排自我学习，在加上自我学习意识不强，导致相关音乐知识的匮乏，特别是一些青年音乐教师，本来从事音乐教学工作时间就不长，教学经验不足，如果再不注意平常的教学学习，自然就无法胜任本职工作。对此，我们必须要有时不我待的紧迫感，以音乐教学为己任，制订自我学习计划，在音乐教学方法的发展上、教养上及教育上把握好音乐教学方法具体任务的方向性。在个人的世界观上、培养独立精神上、提高学科兴趣上、业务学习技巧上多加强实践。二是音乐教师关于音乐教学方法的研究不够。客观上讲由于音乐教学方法本身就具有发展性，除常见的音乐教学方法外，很难将音乐教学方法作数量上的规定，而大部分的时候是一个动态变化的运行模式，所以难以掌握。现有的音乐教育书籍中也缺少音乐教学方法方面的论述，也没有列举出音乐教师在实施音乐教学方法上的具体方法和实施步骤，造成音乐教师学习参考上的不便。另外，从目前的研究培训机制上看，关于音乐教学方法的研究机构和培训机构极少，使音乐教师得不到及时进行参与研究和培训的机会，这也是音乐教师研究和培训不足的一个原因。对此，最好的选择是发动自己，多想办法，利用一切可利用的时机和条件进行研究和学习。如有条件的话，可根据区片和音乐教师分布情况，建立研究和协作机制，使之长效化，如区片音乐教学方法研究小组、音乐教师教学方法实践小组等研究学习组织。有关音乐教育主管机构和音乐教研组织要尽可能地安排音乐教学方面的各类培训，让音乐教师拓展自己的工作视野，接触更多的音乐教师开展学习交流，不断增长音乐教师的专业能力。

第四章 高中音乐教学方法创新

任何事物的创新是时代发展的要求，也是人类进步的标志，只有不断创新，人们才能跟上时代发展的脚步。作为高中音乐教学方法也不例外，这既是时代的要求，也是高中音乐教育教学的要求，它是实现高中音乐教学目的的重要保证。

一、高中音乐教学方法创新要求

高中学习阶段处于学生全日制学习的中等教育阶段，在这个阶段作为音乐课的设置，是全员学习阶段，随着高中阶段学习的结束，绝大多数高中生的音乐课学习意味着结束，进入大学后只有一少部分学生进行音乐专业的学习，不像高中阶段每一个学生都要接受音乐课的学习。因而高中音乐教育就显得非常重要，也给我们高中音乐教育带来了压力，增加了音乐教学工作的紧迫感，促使我们深入进行高中音乐教学方法的创新。特别是面对当前音乐教育的发展趋势，国家对音乐教育教学提出了更高的要求，提出了学生的核心素养标准，作为音乐学科则表现为学生音乐核心素养的培养，那么学生的音乐核心素养从哪里来呢？当然是从我们的音乐教育教学中来，从我们的高中音乐教学方法创新中来。为了弄清这一问题，我们必须要学习和了解音乐核心素养的实质和内涵，为我们高中音乐教学方法的创新奠定牢靠的基础。

（一）深刻领会音乐核心素养的实质

教育部公布的《中国学生发展核心素养》中指出，要以科学性、时代性和民族性为基本原则，要以培养“全面发展的人”为核心，提出了文化基础、自主发展、社会参与等三方面的要求。这为我们在开展学生核心素养教育工作指明了方向和提供了依据，同时，也提出了新的课题，即在工作中如何落实好这一要求，特别是在思想认识、工作方法上取得明显成效，是值得我们去探索研究的问题。就音乐教育工作而言，如何围绕提高学生音乐核心素养，实现“全面发展的人”为核心的目标，需要我们深刻去认识和理解，并付诸行动。核心素养总体框架标准与音乐学科课程的有机结合，表现为音乐核心素养，而音乐核心素养的表现有其突出特点。

1. 体现音乐审美价值

按照音乐教育学的观点，音乐教育是一种美育教育的形式，其目的是使受教育者通过音乐学习和活动，获得感受美、鉴赏美和创造美的能力，并按照美的规律去生活和学习，从而使人变得完美、和谐，这就是音乐审美的价值，这就是音乐核心素养的根基。

因此音乐教育教学的全部过程都应体现这一教育理念。我们的音乐教育教学工作也一直围绕这一教育理念扎实地开展，这也成为我们衡量音乐教育教学质量的一个重要指标。我们说学生的音乐审美价值直接体现在学生的音乐审美能力上，音乐审美能力强，音乐审美价值就体现得充分。换句话说，要想使学生体现音乐的审美价值，就必须提高学生的音乐审美能力，它是我们提高学生音乐核心素养的关键性问题，那么，学生的音乐审美能力怎么来提高，或者说表现在什么方面，我们从音乐教育教学实际看，来自学生开阔的音乐学习视野，来自学生不同音乐表现风格的体验，来自学生掌握音乐知识和演奏技巧的表现，来自人与人之间的音乐交流信息，而这都是音乐审美价值的具体体现。为了达到这样的目的，在学生的音乐核心素养教育中，音乐审美教育是音乐教育的主线，贯穿着音乐教育教学全过程，这是音乐教育区别其他学科的一项重要的原则，它集声音优美、时间无限、听觉享受、热情奔放、感情交融于音乐表现中，体现着音乐的巨大魅力，实现着音乐审美价值，根植着音乐核心素养。

2. 体现音乐创造力价值

音乐创造能力的培养是音乐核心素养的要求。我们的音乐教育在体现音乐核心素养要求下，在音乐对人的创造能力上一直发挥着积极的作用，始终在时代发展背景下，把对人的智力开发和创造能力的培养作为音乐教育发展和改革的重要方向。

音乐是一种工具，它可以把你的日常生活中充满乐趣的诸多种创造力联系在一起。学生在接受音乐教育中，通过音乐特有的功能，激发灵感细胞，使学生在音乐学习过程中始终与音乐创造能力相伴，也使得学生的想象力和创造性思维得到充分的发挥。曾几何时，音乐唤起无数个史诗篇章、名人壮举、成就天才，推动着时代前进的步伐，接受着血与火的洗礼，这正是音乐创造能力的体现，折射着音乐核心素养的内涵。因此，音乐教育在培养学生创造能力方面的作用是强大的。

3. 体现音乐文化价值

有价值的东西，是永远被人追求的，音乐使然。音乐之所以能世代相传，是受音乐文化价值的支撑，之所以说它有价值，是因为音乐的各元素与人们要表达或所要感受的东西息息相关，有着其他学科及活动所不能表达和感受的特有功能，无论现在还是将来它都将受到人们的喜爱。在我们的生活中，可以说我们是离不开音乐的，不论你是有意还是无意，每一天你都会接触到音乐，音乐总是会伴随你每一刻。而且，随着传播媒介越来越多样、越来越新颖、越来越迅捷，人们对音乐的依赖程度就越来越强，对音乐更具有广泛的选择性，使人们能在高尚的音乐审美感受中得到美的享受和教育，这种高尚的音乐享受和教育所反映出的就是：对民族音乐文化的理解和传承；对个人志向的激励和奋斗；对音乐技能技巧的专注和敬业；对祖国的崇敬和热爱。这都是音乐核心素养内在文化的重要体现。

（二）明确音乐核心素养的重要性

苏联著名教育家苏霍姆林斯基认为，音乐文化是培养道德文明的重要条件之一。在音乐教育教学中，主要体现在审美体验价值、创造性发展价值、社会交往价值和文化传承价值方面。这与当前学生的六大核心素养：人文底蕴、科学精神、学会学习、健康生活、责任担当、实践创新是相一致的。实际上音乐教育教学价值是学生核心素养在音乐教育教学中的具体体现，是学生核心素养的重要组成部分。

1. 要从音乐具有人类交流的属性上理解

我们说音乐是无国界的，在不同的年代、不同的地方、不同的肤色中，不论是过去还是现在，有多少名人志士、千万民众是唱着歌走到一起，试想如果音乐没有人类交流的属性，人们怎么能走到一起，又怎么能共谋大事呢？不难看出歌声就是人们交流的纽带，音乐中表现出的情感就是人们交流的纽带，这种纽带将人们的情感、观念和觉悟联系在一起，分享人们共同美好的生活。同样，学生是社会的一份子，而且他们是时代的新生力量，音乐的交流必不可少，而且他们对音乐的热衷胜于以往，对音乐的交流更加强烈，这对我们开展学生的音乐核心素养教育提供了有力的帮助，我们要充分利用好这一因素，广泛地开展与各学科的交流，让交流取得成果。

2. 要从学会学习的过程上理解

从学生核心素养内容上看，在其六大核心素养中，明确提出了学会学习的要求，为此，学生的音乐核心素养一定要体现这一内容，我们的音乐教育组织者，必须从思想上充分认识这一要求，在具体的音乐教育教学中，将教育的结果和教育的过程视为一个整体，既要重视结果，也要重视过程。那么，从当前的音乐教育教学实际情况来看，音乐教育教学的过程需要融入很多关键要素，这些要素都是我们音乐核心素养的要素。一是音乐学习过程中的知识要素，它是构成学生学习音乐和开展音乐活动的基础，没有音乐知识的支撑，音乐教育就无从谈起，这种音乐知识的建立要体现在学生的自主学习上，知道学什么。二是音乐学习过程中的情感要素，它是构成学生学习音乐和开展音乐活动的灵魂，没有灵魂就没有思想，这种灵魂是要建立在感官折射出的情感认知上，让学生懂得该怎样去体验。三是音乐学习过程中的人生修养要素，它是构成学生学习音乐和开展音乐活动的精髓，这种精髓是作用在学生不断发展和自我完善中，让学生学会自觉进行修养，把人生修养变成一种良好的生活方式。

3. 要从学习音乐实践能力上理解

学生音乐核心素养的体现与学生音乐的实践能力密切相关。我们的音乐教育教学工作所要达成的任务，就是要让学生在接受音乐教育下，获得音乐实践能力，这也是音乐核心素养内在的要求。学生的音乐实践能力来自学生的音乐实践活动，不同活动内容所表现出的实践能力也不同，而各种表现出来的实践能力是要经过具体实际锻炼才能获得的。如在音乐作品的鉴赏活动中，反映出的是音乐的审美实践能力；在音乐作品的交流活动中，反映出的是音乐合作实践能力；在音乐作品的演出活动中，反映出的是音乐的表现实践能力；在音乐作品的编排活动中，反映出的是音乐的创造实践能力。这些实践能力汇集成学生的综合音乐实践能力，具备了这样的综合音乐实践能力之后，学生在音乐学习中遇到困惑、失衡、迷茫、苦闷等问题时，将会迎刃而解。

（三）高中音乐教学方法创新任务

在以上问题中我们讲述和了解了新形势下音乐教育教学要求，让我们认识到了高中音乐教学方法的创新势在必行。那么，在高中音乐教学方法创新中，我们的任务是什么呢？让我们再明确一下。

一是调动起学生对音乐学习的兴趣。我们常言道兴趣是最好的老师，它是内在的学习动因，是每一个学生本身具有的潜质，只不过体现在每个学生身上或多或少而已，作为高中生几近成人，对自己的言行趋于成型，对自己的兴趣也具有选择性和隐藏性，不太会轻易显现，就看你怎么去调动。具体到音乐教学中，我们的任务就是让高中学生对音乐作品产生积极的情感共鸣，激发出学生对音乐艺术的热情。

二是通过音乐教学使学生掌握关键性音乐知识和音乐基本技能，提高学生的音乐感受能力。我们说只有具备相关事物的操作技能，你才能具备驾驭相关事物的能力，音乐学习也是如此，具备基本音乐知识和技能技巧，你才能感受到音乐艺术的魅力，这就是我们说的要让学生在音乐的审美、音乐的创造、音乐的文化上具有价值感受。

三是指导学生开展音乐实践活动。因为任何理论的学习和技能的掌握，必须要应用到生活实践中，这是音乐教学的意义所在，也是学生获得音乐修养的具体要求，通过音乐实践活动可以检验学生的音乐态度如何、价值观如何，更重要的是它好比是一个“指引器”，引导学生进行正确的音乐生活。

二、音乐教学方法在创新环境中的应用

在长期的音乐教学中，我们可能习惯了使用某种音乐教学方法，不管教学模块有什么变化，环境条件怎么变，教学方法却始终固定沿用在音乐教学中。从客观上讲，有一定的好处；但是从音乐教学方法发展的角度来看是不利的，会影响到音乐教学效果。我们说创新是推陈出新的结果，要打破原有的秩序，重新进行选择排列。在音乐教学中，将这些原有的音乐教学方法进行优选，针对变化了的音乐教学环境，合理有序地使用音乐教学方法，使音乐教学方法紧密贴近当前音乐教学实际情况，达到音乐教学效果最大化。

（一）音乐教学方法在最优结合中的应用

在高中音乐课教学中，面对高中音乐课程不断提出新要求的情况下，要重视音乐教学方法实现最优结合。音乐教学手段的多样化是适应当前高中音乐教学现状的必

然要求，而音乐教学方法实现最优结合是开展音乐教学的具体手段。为了保证音乐课教学效果，将教学方法与相应的教学手段之间采取最优结合势在必行，同时，还要注重实践检验。如，鉴赏音乐作品教学中，充分发挥直观法、操作法等音乐教学方法的作用，用音乐作品音响的奏鸣效果在学生的听觉上形成情绪方面的感染，用教师丰富的表演效果在学生视觉上形成形象方面的感染，用模唱和亲身操作的效果在学生感知上形成体验方面的感染，这样使音乐教学效果最大化。

1. 音乐教学中口述法的应用

在以往的教学中用口述法进行音乐课教学，是使用频率最高的教学方法，几乎每一堂课都会使用到，也正因为此，教师们在使用上也显得习以为常，没有了新鲜感，因而，也就淡化了它的作用。那么，从当前高中音乐教学的实际情况看，口述法起着特殊的作用。这是由高中生认知能力的提高决定的。因为学生进入高中学习阶段后，从各科所学的知识中积淀起较强的判断事物是非的能力，音乐教师通过口述法传授音乐知识、与学生进行交流、探讨问题等变得更加畅通，音乐教学方法中使用口述法就显得尤为必要。另外，音乐教学的任务要求与学生进行双边交往，以激起学生的思维活动，培养学生独立的辨别能力，评价学生的学习质量，这些在音乐教学中都离不开口述法。

2. 音乐教学方法在艺术活动的应用

在高中音乐教学中，高中生活跃的思想极大影响着他们对音乐的认知程度，而学生对音乐的认识基本上是通过学生感知音乐来实现的，学生感知音乐又是通过音乐活动载体体现的，而这些载体正是音乐教学方法的具体活动形式。活动形式包括各种不同类型的音乐活动，如：音乐作品鉴赏、音乐表演、乐器演奏、学生合唱、音乐即兴创作、舞蹈、歌曲演唱等。这些活动实质上是对学生音乐知识的学习、音乐创造能力、音乐审美能力、音乐文化传承等方面的综合检验。因此，在音乐教学中，我们必须组织好各类音乐活动，使音乐活动贯穿音乐教学始终，对照具体教学任务和要求，开展好以音乐知识学习、音乐感受、音乐思维、音乐表演为内容的音乐活动。

3. 音乐教学法的综合应用

在音乐教学过程中，音乐教学方法不是单独运用的，而是多个音乐教学方法的综合运用。按照教学大纲的要求，每一节课内容分多个方面，而每一个方面都有其侧重点，如果用一种教学方法来教学，会造成教学效果上的缺失和不足，甚至会造成学生认知上的不足。为此，我们对音乐教学法的综合运用要有一个深刻的认识，可以解释为：音乐教学法的综合运用是将课堂教学各阶段对应内容所选择的教学方法组成系列的教学方法。如，高中音乐鉴赏课的教学，在新音乐知识学习的部分，为了让学生衔接好新音乐知识的学习，对于已学相关音乐知识部分，我们可以采用再现法。在概括性音乐知识的部分，为了让学生系统把握音乐作品的特征，我们可以采用演绎方法。在音乐作品的表现学习部分，为了让学生认识音乐作品的表现方式和实质，我们可以采用归纳法。总的来讲，一节课采用的音乐教学方法是其最优结合，这样才能达到学生学习音乐艺术的目的，也是提高音乐教学效果的有效方法。

（二）音乐教学方法在学生学习情境中的应用

之所以强调教学情境的问题，是因为在当前物质文明和精神文明不断发展中，人们的生活呈现丰富多彩的景象，学生的生活也趋于开放的态势，尤其是在激发高中学生学习音乐的积极性和兴趣上，针对情境所使用的音乐教学方法起着特殊的作用，这也是我们提出音乐教学方法在学生学习情境中应用的缘由。

在实际的音乐教学中，从针对情境开展的音乐教学方法授课，也证明了利用情境进行的音乐教学所产生的积极效果。我们得出这样一个结果：当课堂讲解新音乐知识的时候，音乐教师用直白的话进行讲解，学生不容易理解新音乐知识或者对音乐知识理解较慢，而当运用以情境为内容的音乐教学方法时，学生对新音乐知识的认识就容易理解或者理解比较透彻。

情境的设立与音乐教学方法的联系是广泛的，教学中各种情境设立运用相应的音乐教学方法，音乐教学的效果会充分显现。当音乐教师组织音乐教学以音乐知识学习为内容时，设立学生独立提问、发现新知识并自我概括的情境来开展音乐教学，应用探索的方法授课不失为最佳选择；当音乐教师组织音乐教学以音乐作品的发展历史为学习内容时，设立学生生活经验、音乐体验、成长变化的情境来开展音乐教学，应用再现的方法授课不失为最佳选择；当音乐教师组织音乐教学以表现音乐作品人物内心世界、启迪人们心灵、展示作品精神为学习内容时，设立学生参与表演、模拟情节的情境来开展音乐教学，应用激励的方法授课不失为最佳选择。

需要强调的是，在现在高中音乐教学中，一定要把握好学生的情绪因素，这是我们音乐教学方法中非常重要的一环。上述我们谈到的各种音乐教学方法的选择，实际上都与学生的情绪有关，这就是我们常讲到的音乐作品的感染力，这种感染力从学生对音乐作品视觉、听觉、感觉中反映出来。因此，音乐教学方法的选择要建立在学生情绪把握的基础上。在音乐教学中，广泛利用激发的方法，它是用来作为对学生的动机进行有目的影响的一种方法，有助于创设对音乐心向神往的气氛。激发法的显著特点是：它用来影响学生的情绪方面，这是受音乐本身的作用所制约的。教师用语及其他方式和手段则补充促进这种效应。它们都能够直接影响到学生的动机，影响学生对音乐的态度，以及对音乐课兴趣的变动情况。充满情绪色彩的印象能极其灵活地、直接地作用于学生个人内心深处，作用于他们受情绪感染的表象、判断、评价和甚至伦理观点诸方面。

（三）音乐教学方法在音乐教学检查中的应用

在音乐教学中，音乐教学检查是音乐教学过程中的重要组成部分，担负着测评音乐教学质量的任务。通过对音乐教学质量的测评，我们可以在音乐教学中了解学生音乐方面发展的个别特征情况和掌握学习内容的水平情况。针对高中音乐教学中的检查，有其较高的要求，因为高中生的音乐意识随着音乐知识不断提高和掌握与之学习相应的音乐技能、技巧，已具备了意识上独立分析、判断、概括的能力，这在相当程度上超出小学和初中具备的音乐认知能力，这也为我们开展音乐教学检查提供了可能性，检查就变得非常重要。而且，音乐教学的检查不仅可以了解学生是否达到掌握学习音乐知识的要求，还可以检查教师的教学质量，从而不断改进我们的音乐教学方法。

音乐教师对学生的教学检查是很广泛的。大致分为检查和自我检查，但检查的具体方式是多种多样的。如答卷式的检查，音乐教师可以将所授音乐知识编成试题，以做作业方式或考试方式来检查学生的学习情况；还可以进行直接提问式的检查，音乐教师可在课堂上随机向学生提问题，以学生现场作答的方式来检查学生的学习情况；还可以观察式的检查，音乐教师有针对性的安排学生集体活动，以实践活动方式、个人演奏方式来检查学生的情况。在实际教学中远不止这些检查方式，我们可以针对具体教学情况，有序、合理安排各种检查。但是，切不可忽视学生的自我检查，因为学生自我检查是反映学生学习和认知的能力，通过自我检查能发现问题是一种自我完善的表现，它能促进学生自我认识、自我反馈、自我修正的音乐学习成长发展。

需要指出的是，音乐教学中的检查有其特有的手段，这一手段就是通过组织学生乐器演奏活动，查看学生运用学到的音乐知识完成演出的表现，让学生既能体验到演出是一种用舞台作纸、乐器作笔、旋律作墨的感受，又能从音乐教学效果上检查学生演奏技巧的形成和关键性音乐知识的掌握，用音乐艺术的特性演绎了音乐教学方法的实施，这是我们值得不断学习和深入探索的问题。

三、音乐教学方法存在的问题

高中音乐教育是非专业音乐教育的重要阶段，具备一定的音乐艺术审美意识、音乐创造能力、音乐文化传承能力和音乐基本技能和技巧是高中音乐学习阶段的基本要求。而这个要求对我们高中音乐教学来说，可谓任务重大。《普通高中音乐课程标准》指出："普通高中音乐课程应将我国各民族优秀的传统音乐和反映近代与当代中国社会生活的优秀音乐作品作为重要的教学内容，使学生了解和热爱祖国的音乐文化，增强民族意识，培养爱国主义情感。在强调弘扬民族音乐文化的同时，还应以开阔的视野，体验、学习、理解和尊重世界其他国家和民族的音乐文化。"广大的音乐教师经过多年的学习实践，积累了不少的经验和总结出不少的音乐教学方法，进一步提升了音乐教学水平。但是，仍然存在着许多问题和不足，特别是面对新形势下音乐教学发展和改革的不断深入，面对国家教育部提出的培养学生核心素养及具体到音乐学科的学生音乐核心素养的培养要求，我们在音乐教学方法上还显滞后，有待于改进，因此，我们必须做好应对工作。为了便于我们有针对性地开展工作，就当前高中音乐教学方法存在的问题做如下分析。

（一）高中音乐教学方法在遵循高中学生心理活动选择上存在差距

高中生对事物的认识、分析、判断、接受是按着认识过程发展的，但是，从目前高中音乐教学中，我们了解到很多教师对这个规律性的过程没有把握好，音乐教学方法没有按照这个规律进行选择，依然沿用传统的音乐教学方法，甚至不管音乐教材内容重点、结构、难易程度，统统用不变方法的讲课方式，这就是我们通常讲的"填鸭式"教学理念，这样课堂显得活力不够、创新不足、效果不佳，自然要想调动学生的学习积极性，激发学生学习音乐的兴趣是很难实现的。

目前高中音乐课开设的是音乐鉴赏课程，其立意非常明确，通过对音乐作品的鉴赏，让高中生在精神上得到享受，音乐技能得到发展，认识得到提高。应该说在音乐学习要求的程度上已经非常大，当然，作为音乐教学任务来讲，难度也就非常大。在这种情况下，我们的音乐教学就更应该在充分利用现有教学资源和进行教学改革的基础上，掌握学生的心理活动趋向，并以此为依据力求音乐教学方法最优化。

在音乐鉴赏课中，学生在认识上的心理活动是通过对音乐作品的感觉、知觉、记忆、思维、想象及表象等过程完成的，我们可以绘制成一张图表来描述。见下图五所示。

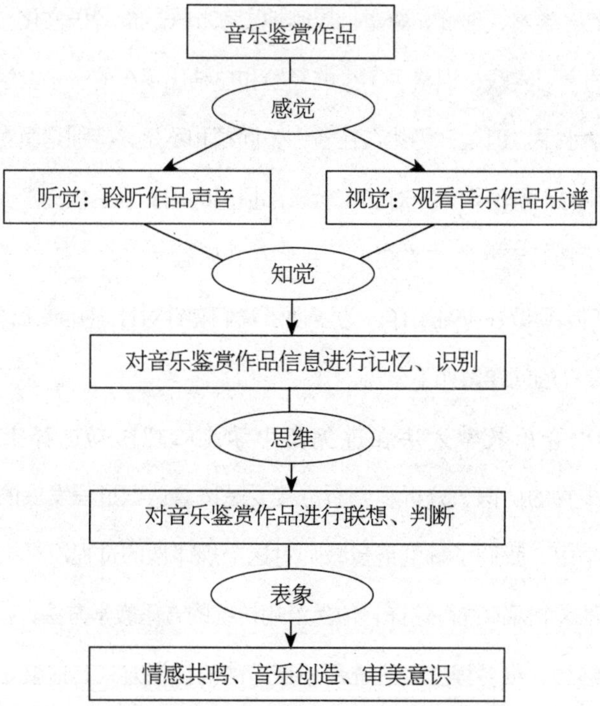

图五　音乐鉴赏过程中学生的心理活动示意图

从图五可见，学生在认识上的心理活动是一个包含各认识要素的过程。必须强调的是，认识过程是有顺序的，切不可颠倒。学生的认识首先是对音乐鉴赏作品在大脑里直观的反映，称之为感觉，通过人的器官，即耳朵和眼睛，聆听作品声音、观看音乐作品乐谱，然后进行知觉，对音乐鉴赏作品的信息进行记忆、识别，使大脑对音乐作品有一个较完整的反映，再进行思维，对音乐作品进行联想、判断，通过表象得到情感体验，形成音乐共鸣，激发学生的音乐创造力，提高审美意识。在课堂教学上，要注意认识阶段的特殊性，根据阶段特殊性选择音乐教学方法。如在学生对音乐作品认识的初始阶段，音乐教师切不可将音乐作品的风格、曲调、结构直接为学生介绍出来，甚至将鉴赏作品的作用、目的、意义介绍给学生，这样违背了学生的认识过程，本应是学生对音乐作品感觉的过程，却用知觉和思维的过程替代，学生没有经过感官认识过程，直接感受思维结果，学生被动地接受答案式的教学，音乐教学质量自然无法得到提高，学生也不可能真正得到情感共鸣、音乐创造能力和音乐审美能力。

（二）音乐教师在高中音乐教学方法的使用上存在固定思维模式

有些音乐教师在课堂教学中，对课堂教案的设计总是墨守成规，喜欢用设置好了的教学框架圈定学生的思维，在指导学生进行音乐知识的学习和音乐训练时，总是呈现给学生设置好了的答案，一旦发现学生的思维超出了自己预先设置的框架，就会立即进行干预，引导学生的思维回到预先设定的框架内。

例如：音乐教师在鉴赏课《酒狂》教学中，非常担心学生对“酒狂”的理解进入狭义的想象，要知道人们对音乐的感受是丰富的，或许学生想象的不止鉴赏课所要求的内容，很可能会想到诸如“歌狂”“舞狂”“酒鬼”“狂人”等，甚至会想到醉驾造成的伤害，虽然这些想象与鉴赏不相符，但是这恰恰是音乐带给学生们的联想、想象、情感体验的特殊功能，表明学生的理解不受设定的思维框架所限制。如果学生想到醉驾等问题，教师不妨正面引导，让学生知道古人的《酒狂》反映的是人们“托兴于酒”“借酒佯狂”的情感，是一种意境的体现。而醉驾是一种违法行为，既害别人又害自己，认清这一点倒是对我们理解《酒狂》的意境提供了鲜明对比，有助于学生达到情感的共鸣。

（三）过度依赖单一的音乐教学方法

随着音乐教学的不断发展，音乐学科与其他学科一样面临着新情况新问题，需要我们不断地创新和改革教学工作。但是，有些音乐教师没有引起足够的重视，在教学中仍然使用一成不变的教学方法，只注重音乐知识和音乐技能的传授，一味地进行繁琐的乐理知识教学，歌唱发声、演奏技巧、技能指导，而且方法简单，没有针对变化了的情况采取相应的措施，更没有去创新和改革，学生只能机械地接受无新意的教学方法，这就是我们常说的“久嚼的馒头没滋味”，学生在没有兴趣和激情的情况下学习，效果肯定不会好。

例如：西贝柳斯的《芬兰颂》，音乐给人以鲜明的形象，极具感染力，低音铜管乐器浑浊、咆哮的演奏，打击乐刺激的节奏，木管乐器温柔的音响，给人听觉上的冲击，留给人们宽广的想象空间，应该说学生易于接受。但是，对于国外管弦乐曲，学生了解的甚少，尤其是音乐作品所表达的意境和思想情感，由于跨越时间、跨越国界、跨越历史、跨越人文，学生对音乐作品的学习和认识存在局限性，需要音乐教师采取相应的方法予以指导，比如用启发、引导、激励、问答等方法。然而有些音乐教师对此采取回避的方式或进行简单化处理，只是让学生听听曲子，看看片子，打打拍子，没有针对每一个教学环节作深入的研究，这样不仅会造成音乐教学效果不佳，还会造成高中生在音乐鉴赏方面情感体验的缺失、音乐意识的不全、音乐创造能力的不足等后果。

（四）在新形势下音乐教学方法的研究缺乏应对机制

在高中音乐教学中，广大的音乐教师确实付出了很多的心血，作出了不少的成绩，但是，很多现实存在的问题影响了音乐教学工作的开展。一是学生需要应对高考的压力，逐渐淡化了音乐课的学习。虽然学生也非常想从音乐中受到熏陶，可是，由于学习时间和精力有限，因此无法顾及音乐课的学习。二是音乐教师在音乐课教学中没有足够的时间进行音乐教学方法实践。主要是因为音乐课的课时量与其他学科相比较少，而且学校、家长、社会等方面重视程度不够，造成音乐教师教学动力不足。三是开展音乐教学方法研究不够。作为学校，音乐教学方法研究的制度还不完善，没有建立起长效的研究、学习、培训等机制，使音乐教师在音乐教学方法上得不到及时学习和修正；作为音乐教师，一些教师得不到新音乐教学方法的支撑，仍然使用惯用的方法施教，只注重音乐专业技能的传授和音乐知识的灌输，忽视学生的兴趣爱好和情感，忽视音乐其本的审美特性，加重了学生学习的负担，这些必须要得到更正。

在此需要强调的是，音乐教师切不可有急功近利的思想，更不能有一蹴而就的做法，应该进一步改变教学策略，不断探索音乐教学方法，将音乐教学方法的创新当作一项长期任务来抓。

四、音乐教学方法的创新研究

从以上讲到的高中音乐教学方法创新要求、创新环境中的应用和音乐教学方法存在的问题中，我们应该清醒地认识到高中音乐教学方法在音乐教学中的重要性。开展音乐教学方法的创新研究是我们音乐教学工作面临的重要课题，我们必须要站在时代要求的前列，以高度的历史责任感尽心做好这项工作。开展好这项工作，应该呈现的是多渠道、多层次、多项目、多内容的研究。下面以本人在音乐教学方法上进行的课题研究为内容进行阐述。

（一）音乐“鉴赏—表现”审美教学法研究

1. 课题提出的背景

音乐审美教育是音乐教育的一个重要组成部分，旨在培养学生对音乐艺术的审美能力，这种能力是高中音乐鉴赏课教学的要求，也是音乐教学方法创新的要求。

在研究过程中发现，当前高中音乐教师在教学中，对音乐鉴赏课的教学研究比较浅，音乐鉴赏课教学水平不高，学生对音乐作品的理解程度不深，音乐鉴赏教学效果不明显。存在的原因主要有两个方面：一是音乐教师对音乐鉴赏内容标准的把握思路不够广、准确度不够高、程度不够深，存在鉴赏教学组织的粗框架、粗线条、简单化现象；二是在高中音乐鉴赏教学的研究中缺乏正确的方法指导，没有较为准确地从提高文化素养、增进身心健康、形成完整的个性的课程要求角度出发来进行研究，音乐鉴赏的教学方法存在重形式轻内容的现象。为此，提出本课题的研究，以期为高中音乐教师在高中音乐鉴赏教学中提供有效的指导和参考。

2. 课题界定及其研究价值

（1）课题界定

音乐“鉴赏一表现”教学法就是在音乐教学中，通过鉴赏音乐作品视频画面、学生创造表现等行为来刺激学生情绪反应，从而提高学生对音乐作品的鉴赏能力和社会表现能力，实现审美教育目的。

本课题基于的研究假设为：

① 在研究中推出符合新课改要求、适应师生共发展的音乐教育教学方式与学习方式，积极指导教师开展音乐鉴赏教学，有效挖掘音乐表现因素，使音乐鉴赏中的表现教学环节渗透审美情感，以情动人，以美感人，将音乐审美体验积极地融入到对教材的分析、处理之中，形成强烈而浓郁的音乐审美动力和审美渴望。

② 本理论的研究成果将有助于音乐教师的鉴赏教学及促进音乐教师的专业发展，用音乐鉴赏活动、音乐表现活动、音乐创作活动等，点燃学生的情感火花，打开学生的心灵之窗，使其在情绪的激发中，享受美感。

（2）课题所要解决的主要问题

本课题着重研究教师在高中音乐鉴赏教学中的创新教学，研究学生对多种音乐艺术表现的审美特征产生的兴趣和创意，并在音乐领域多面性的创造实践同审美要素进行直觉的抽象、概括、相互迁移而增加表现多面性的音乐艺术智慧，提高自身整体的音乐艺术反应能力和创新能力。

本课题研究广泛地运用音乐表现的手法来验证提高音乐鉴赏课教学质量的作用，实现高中音乐鉴赏教学目的，即：引导学生积极参与音乐体验，鼓励学生主动探究并对音乐有独立的感受与见解，帮助学生建立起音乐与人生的密切关系，进而为终身学习音乐、享受音乐奠定基础。

本课题力求促进高中音乐教师的专业成长，采用调查、实验、分析、总结的方式，并与专家指导和支持相结合，通过音乐教师在音乐鉴赏课教学过程中总结经验、提升理论、探索规律，实现音乐教师在教学中的不断自我完善，以求与时俱进，创新教学工作。

本课题立足通过音乐鉴赏教学实践，改进高中音乐教师的鉴赏课教学质量，把音乐鉴赏课的研究重点放在提高学生审美能力上，把研究学生在音乐鉴赏过程中的音乐表现作为主要环节，以形成一个统一的音乐鉴赏整体。而不是把音乐鉴赏课作为音乐活动的一个单一领域，仅局限于一节课或鉴赏一个音乐作品上。

（3）本课题研究价值

① 课题研究的实际意义

第一，本课题就是要落实新课标的要求，提高高中音乐鉴赏教学质量，为高中音乐教师开展音乐鉴赏教学提供方法指导，具体内容是围绕教师在音乐鉴赏教学中遇到的实际问题来展开，突出实践的可操作性、实用性。

第二，通过“鉴赏—表现”教学可以使学生接触到世界上许多的音乐，并理解这些音乐，感受它的美，激发学生自我表现的欲望。

第三，在音乐鉴赏中，通过艺术的感染，师生一起共同感受美，创造美，以美来丰富生活，培养理解社会现象和审美现象的能力，培养享受、批评和改造音乐作品的能力，通过感觉加强自我意识，体现个性表现和多面发展的特征。

② 课题研究的理论价值

第一，本课题研究提出音乐“鉴赏—表现”的教学模式的概念，是用来破解高中音乐鉴赏教学难点，为高中音乐鉴赏教学提供一种有效的教学方法，并以此为基础为高中音乐教师开展音乐鉴赏研究构筑一个平台。

第二，本课题是想通过对音乐鉴赏课的教学研究，把音乐教师在平时教学中研究不深的鉴赏表现环节，进行较为系统地整理并加以科学论证，形成较为全面和规范的表述。

3. 课题研究目标

本课题的总体目标是构建一种在音乐鉴赏教学中便于高中音乐教师教学组织、计划、实施、落实教学目标的教学模式。

具体可描述为：

（1）将音乐鉴赏中的表现环节放在重要位置，探讨出引导学生积极参与音乐体验、对所鉴赏的音乐作品有独立的感受与见解的教学方式，提高学生对音乐的表现能力。

（2）探讨学生在音乐鉴赏中用音乐表现理解作品的认知度，激发学生鉴赏音乐的兴趣，掌握音乐鉴赏中用音乐表现理解作品的方法，提高学生的音乐鉴赏能力。

（3）通过学生想象力和思维潜能，用音乐表现的方法表述作品的内涵，探讨出多渠道的音乐表现手段与教学方式，逐步提高学生的实践能力和创新能力。

4. 课题研究内容

课题研究主要研究音乐鉴赏与表现各相关素材，即：目前高中音乐鉴赏教学的总体状况、高中音乐鉴赏教学中主要问题的调查、高中音乐鉴赏教学中主要问题的归因、高中音乐鉴赏课堂创新教学方法、高中音乐鉴赏课堂灵动教学、高中音乐鉴赏课中对作品的理解与分析表现、高中音乐鉴赏中音乐表现的教学应用、高中学生对音乐表现教学环节的反应、音乐鉴赏中学生感受后的独立表现、高中音乐课的鉴赏与表现方法等，研究归纳出高中音乐鉴赏课中的问题调查与归因、高中音乐鉴赏课中的分析与对策、高中音乐鉴赏课中的表现教学方法等三个领域的内容。

（1）搜集资料

课题组通过查阅和学习日本、德国、美国、匈牙利等国及国内大量的相关文献信息，不断寻找突破口，一步步完善了课题。同时，课题组进一步明确了课题研究的方向，主要依托鉴赏课堂教学途径，确立鉴赏课中表现教学环节重点，突出学生以审美活动实践为目的的研究方向，并结合高中音乐鉴赏教学实际开展研究，这为课题的研究在理论和实践两个方面做了精心的准备，也为课题的研究奠定了较为可靠和扎实的基础。

（2）调查分析

课题组严格按照方案开展了问卷调查和数据分析工作，在具有代表性的四所普通高中学生中进行了音乐鉴赏课问卷调查活动，先后抽样调查了1280名高中学生，从调查情况看，很大一部分学生反映“喜欢音乐而不喜欢音乐课”，他们把聆听音乐当作一种纯粹的娱乐。至于音乐的内容、音乐为什么会带给人不同的感受，并没有深层次地去理解和挖掘，这对提高学生自身的审美能力和文化修养是不利的。音乐鉴赏课的基本价值在于通过以聆听音乐、表现音乐和音乐创造活动为主的审美活动，使学生充分体验蕴涵于音乐音响形式中的美和丰富的情感，达到审美教育。

（3）对症施教

课题组通过对教学实践、课堂教学和交流、课堂观摩等内容开展研究，在课堂教学中将音乐鉴赏和表现两个领域结合起来，利用多种多样的教学手段，实践“鉴赏—表现”教学法。通过举行专题研究公开课，形成音乐鉴赏示范课，将音乐鉴赏示范课运用到音乐鉴赏课堂教学中并延伸到课外活动中，解决在高中音乐领域多面性的创造实践同审美要素进行直觉的抽象、概括、相互迁移而增加表现多面性的音乐教学难点，提高学生整体的音乐艺术反应能力。

① 从心理上消除学生的畏惧感

我们在课题研究中发现，学生们回答问题参与表演的积极性随着年龄的增长反而越来越低，这其实并不是因为学生们的能力越来越差，而是随着年龄的增长，他们似乎越来越害羞。正确解决这一问题是课题研究能够顺利实施下去的重要前提。于是，我们在研究中从小处着手。比如，在课堂教学中会由简到难，先设计一些配乐朗诵、集体歌唱、小组配合等形式，让学生们能大胆表现，他们从中得到快乐和自信之后，也就更容易接受这样的教学环节了。在讲少数民族音乐的时候，让学生们以组为单位，搜集藏族、蒙古族的音乐，学生们有的唱、有的跳、有的演奏，真是形式多样、丰富多彩。这种开放式的教学环节，可以让学生们有更大的发挥空间，课堂气氛也更加活跃，而且教学效果也比教师单纯地讲要好得多。

之后，教师再给学生提供自我展现的机会。例如：让学生演奏贝多芬的《月光奏鸣曲》，演奏的学生会很真珍惜这样的表现机会，提前做好准备；同学们也听得非常认真，这跟听音碟的效果和感受是截然不同的。许多同学在听的时候就怀着一种敬佩的心情，这样，他们就能听得更认真，对作品也会留下更深刻的印象。

② 营造音乐“鉴赏—表现”的氛围，让学生逐步养成积极表现的习惯

首先，我们要放手让学生去表现。学生表现得如何，不但能反映学生音乐鉴赏审美能力如何，同时，还能反映教师在表现环节教学准备得如何。活动设计得合理，学生们才有发挥的空间。其次，还要注重教师指导作用的发挥，除了课上的点评要恰当之外，教师更要积极关注学生的准备过程，关注学生的选题、表现方式、表现流程等。这些都是为了使学生在展现的时候能准确、更到位，让学生确实体会到表现所带来的乐趣，使得“鉴赏—表现”的审美教学法更能受到学生的喜爱。

例如：教师在教授《音乐告诉我们》这节课时，利用的是对比表现法。先给学生播放了电影《大腕》中的一段视频，视频中出现了两次《哀乐》的演奏，速度完全不同，一遍是正常速度，另一边把速度提高了两倍，当学生看到第二段视频的时候，首先感觉非常奇妙。正常速度的《哀乐》使人感到悲伤、难过，痛哭流涕；而提高了两倍速度的音乐反而使人愉悦、高兴。速度的不同使得音乐带给人的情绪发生了实质性的变化，马上引起学生对音乐的兴趣，学生从内心世界中体会到速度在音乐中的重要性。这种对比表现法的运用，提升了学生的表现欲望和表现动力。

再如：教师教授《欧洲民间音乐》时，采用了模仿体验法。感受爱尔兰音乐特点的时候，首先播放了爱尔兰舞蹈的经典之作——《大河之舞》的舞蹈片段来引起学

生的关注，当教师问及同学们想不想学跳爱尔兰踢踏舞的时候，同学们的情绪非常高涨，教师趁势放慢速度分别教给学生两拍、三拍、四拍的踢踏舞步，并且让学生感受爱尔兰舞蹈的特点，同学们很快发现其特点是不太强调躯干的舞姿，而是始终保持上身不动、直立，以脚步动作在地板上摩擦拍击为主，手臂动作则多为直线的运动，其舞步充满了跳跃性，变化多姿，优美活泼而欢快，这时学生在展现着优美的舞姿，也在尽情地表现着自己，实际上是学生接受了音乐作品。

（4）重在实践

我们坚持把研究成果运用到鉴赏课教学中，用音乐鉴赏活动、音乐表现活动、音乐创作等活动，点燃学生的情感火花，打开学生的心灵之窗，使其在情绪的激发中，享受美感。

① 在组织鉴赏课堂教学中，我们将学生的表现列为重点内容，紧紧抓住乐音表达人们思想感情、反映现实生活的重要功能，引导学生通过想像力和思维潜能，用音乐表现的方法表述作品的内涵，探讨多渠道的音乐表现手段与教学方式，逐步提高学生的实践能力和创新能力。如学生的音乐表现手段采用了演唱的方法，包括独唱、齐唱、重唱、合唱等；采用了演奏的方法，包括独奏、齐奏、重奏以及各种类型的交响乐；采用了人物表演的方法，包括舞蹈、小品、即兴创作等。教师的教学方式采用了以音乐感受体验为主，通过激发学生音乐学习兴趣，感受鉴赏音乐美，情感体验外化等培养学生音乐审美情趣和审美能力的体验性音乐教学方式，如音乐赏析、演示、观摩等；采用了以音乐实践活动为主，通过学生亲身参与的各项音乐实践活动，形成与完善音乐技能和发展音乐表现能力的实践性音乐教学方式，如练习、律动、创作、游戏等教学方式；采用了以语言传递为主，通过老师和学生口头语言以及学生独立阅读教材为主的语言性音乐教学方式，如讲授、谈话、讨论等；采用了以探究、发现为主，通过创设情境激发学生学习动机，引导学生多角度学习并得出结论的探究性音乐教学方式，如观察、实验、思考、讨论等。

② 引导音乐教师开展音乐“鉴赏—表现”教学法实践。2010年11月课题组先后对青岛十二市区全体的中小学音乐教师进行了培训，并形成了体现“鉴赏—表现”审美教学法《京剧金曲名段》的示范课，本课获得教育部艺术教育委员会艺术专家和青岛市教育局的高度评价。

③ 课题研究与高中音乐鉴赏教学相结合，建立了高中音乐鉴赏教学研究基地，实施网络化管理，定期开展教研，分阶段实施，科学管理，在音乐教科研活动中逐步探讨、积累出实验课题下的优秀教学课例、案例分析、教学札记、教学故事等一系列的音乐鉴赏课题研究素材，使实践取得了预期效果。

在课题研究中，我们不仅仅局限于几种音乐鉴赏课的教学方法，而是注重抓住最根本的东西，让学生积极主动地参与音乐感受与鉴赏教学活动中，激发学生的学习兴趣，培养和提高学生的音乐感受与鉴赏能力。不同的学生、不同的课程要制订相应的教学方法，因材施教，因人施教，灵活掌握，以保证课题研究效果最大化。

（5）落实效果

经过阶段的研究和教学实践，学生们越来越喜欢和接受这样的教学方式，审美能力也在不断地提高，他们在同学面前展现自我的愿望也越来越强烈。课堂上，嘹亮的歌声、活泼的舞姿、优美的乐曲为学生们提供了展现自我的舞台，令人印象深刻。在艺术节的比赛中，学生们积极地参与，并乐在其中。歌舞比赛、曲艺比赛、器乐大赛、社团推介会、话剧表演等比赛中，他们勇敢地展现自我。而且通过比赛的情况来看，学生的表现能力整体优于以往表现，学生们已经通过课堂教学得到了更多的锻炼和展现的机会，他们的艺术鉴赏水平、审美能力和艺术表现力也提高了。这种教学方法对于提高学生的综合素质是非常有益处的，这也使得我们对于“鉴赏—表现”审美教学法更有信心了。我们特此选取课题研究中三位学生的感受，说明高中音乐“鉴赏—表现”教学法的效果。

① 一位同学在文章中这样写道：

在艺术的殿堂中，人人都是平等的。

我被震撼了，被那优美动听的音乐所震撼。

在第一次音乐课里，老师讲述了优美的定义，给我留下了深刻的印象。在《优雅》的乐曲中，我仿佛触摸到了希腊上空圣洁的阳光。心动，亦是灵魂的颤动。

之后，便是贝多芬的《月光奏鸣曲》，平静柔美的音调，淡淡的，令人心伤。和谐，宁谧，月光是那么皎洁，令人心碎。

每一次的音乐课都会有不同的惊喜，我们可以欣赏到世界各地不同的音乐佳作。电影鉴赏更是给我留下了深刻的印象。《放牛班的春天》《音乐之声》都令人感受到了音乐的力量。

特别是在课堂教学表现环节中，老师让我们根据鉴赏音乐作品后的感受，上讲台表演节目，展示自己的特长，尽情发挥自我才华。大家其乐融融，一同感受音乐的触动。

② 一位同学的感受是：

音乐不分国界，但却有不同的表现形式。苏格兰民调，爱尔兰舞步，青藏高原上的放声歌唱，都让我们充满力量与感动。

音乐是一种艺术，更是一种灵魂的表达。它不在于形式，而在于内涵。音乐如果只注重音调的和谐便会失去它本身的内涵。

老师让我们感受到了这一点。音乐需要倾注心血，倾注你的灵魂。通过表现释放内心的感受。我想，这就是我在音乐课上所学到的音乐的真正含义。

作为一个学习民乐十年有余的学生，“鉴赏—表现”教学法拓宽了我的音乐视野，使我在迷茫的时候找到了灵感。通过音乐表现，我得以身临其境地感受各种风格和时代的音乐，犹如整个人沉浸在曼妙、多姿的音乐长河中，如斯的耳濡目染，陶冶了我的情操，激发了我对音乐的热情。音乐课上流转的音符和自我展现给了我温润而美好的时光，我在这为数不多的音乐课上不仅学到了丰富、珍贵的音乐知识，更留下了一生难以忘怀的愉悦回忆。

③ 一位同学又是这样描述的：

上音乐鉴赏课两个月来，时间虽短，但这门课确实给我留下了很深的印象。在每节课上，我们都有机会上台表演，展示内心世界的感受，通过这个环节，彼此都惊喜地发现了每个人的另一面。每一位同学的表演，都让我们增进了了解，感受到了音乐带给我们美的享受。在音乐鉴赏课上，我们能够欣赏各种类型、各个地方、各具特色的音乐，既放松了心情，让大脑从高度紧绷的状态中得到解放，更增长了音乐知识，提高了音乐素养。一首首优美动听的乐曲，萦绕在我的耳边，如同夏日里的清风，为我带去了轻松与惬意，让我感受到了音乐的独特魅力。

5. 研究结果及成效

（1）课题研究形成了高中音乐“鉴赏—表现”审美教学法

其基本流程：组织教学—音乐知识教学—聆听音乐作品（直觉感受）—理解音乐作品（思维感受）—表现音乐作品（行为感受）—小结。

① 组织教学

结合音乐鉴赏课特点，运用灵活而富有哲理性的组织教学方式，如聆听音乐作品，展示作品有关声像画面、人文典故等，创造出良好的教学意境。

② 音乐知识教学

教师通过介绍音乐作品的历史背景、作者生平、使用的乐器、作品演奏的特点等，将知识性的内容传授给学生。

③ 聆听音乐作品

这一环节主要让学生通过聆听音乐作品，从音乐作品演奏的技能和技巧上掌握音乐作品知识性的东西。

④ 理解音乐作品

通过聆听音乐作品，激发学生鉴赏音乐作品的动机和兴趣，继而加深学生对作品的理解程度，提高学生的鉴赏能力。

⑤ 表现音乐作品

这一环节是学生对作品理解的深化过程，也是最关键的部分，通过学生亲身创编内容并用表演的方法进行表现，提高审美能力。

⑥ 小结

教师根据学生的表演情况进行点评，提高学生的艺术创造力和对音乐作品的审美能力。

（2）开拓了高中音乐鉴赏课的教学领域

① 创建了高效的高中音乐鉴赏课堂创新教学模式，让学生对多种音乐艺术表现的审美特征产生兴趣和创意，同时在高中“音乐领域多面性的创造实践”同审美要素进行直觉的抽象、概括、相互迁移，从而增加“表现多面性”的音乐艺术智慧，提高了自身整体的音乐艺术反应能力和创新能力。

② 广泛地运用音乐表现的手法来验证音乐鉴赏课教学质量，真正落实了高中音乐鉴赏教学目的，即：引导学生积极参与音乐体验，鼓励学生主动探究并对音乐有独立的感受与见解，帮助学生建立起音乐与人生的密切关系，进而为终身学习音乐、享受音乐奠定基础。

③ 切实促进了高中音乐教师的专业成长。参研教师采用调查、实验、分析、总结的方式，在研究的过程中不断实践、反思和总结，然后再指导实践，课堂教学在螺旋式的优化中实效性不断增强；与此同时，老师们在具体教学实践中，在专家的指导和支持下，专业得以提升，自我得以完善，能运用新课程理念进行教学工作创新。

一是形成了一个系统的音乐鉴赏教学方法。按照课题研究内容，创新音乐鉴赏课教学，将音乐鉴赏和表现两个领域结合起来，实践“鉴赏—表现”教学法，形成系统的音乐鉴赏设计、教学案例。二是通过举行专题研究公开课，形成音乐鉴赏示范课。三是将音乐鉴赏课堂教学延伸到课外活动中，通过组成大型学生交响乐团专场音乐会实践载体，将表现环节“可塑化”，融于师生同鉴赏同表现中，去感受高雅音乐的经典之美。

（3）课题研究在教学中得到了应用

一是以课堂活动为主要载体，将“鉴赏—表现”审美教学法运用到教学当中。并通过多种渠道开展教学，如通过组织课堂中的音乐鉴赏教学，让学生在鉴赏音乐作品后，能根据自已对作品的理解，采用音乐艺术范畴的表现形式表现出来，张扬学生的个性，发掘学生的创新意识。二是以“鉴赏—表现”审美教学法论文为依托，提升教学法的研究水平。三是以开展教师教学教研辅导为途径，拓展在实际教学中的应用。

6. 课题研究存在的问题及今后的对策

在课题研究中，整体的教学法框架基本成立，但研究的深度还不够，还需要继续深化，另外，教师的理论知识还需要再系统化，同样，还要得到专家的进一步指点，以使得研究更为准确有效。

主要的对策：研究要需要量化，研究要用数据来反映事实；需要系统化，研究要归纳整理成章；需要实效化，研究要指导教学工作深入开展。

总之，课题研究在教学环境发生变化的情况下，我们将牢牢紧跟时代的步伐，面向学生、面向家长、面向社会，担负起应有的责任，不辱使命，为音乐教育教学工作多作贡献。

（二）高中音乐“感觉”教学法研究

1. 课题依据

目前美国、德国、日本、匈牙利等国家在中学阶段的音乐教育计划、方案或标准中，均有音乐“感觉”教育课程或者音乐表象课程的教学内容，研究工作开展得也比较好，有着较为统一的认识，即：音乐作为非语言性的一种交流形式，音乐教育包含多渠道的教学途径，其中包含感觉与表象领域。德国教育委员会制定的教育目标中，强调是为培养理解社会现象和审美现象的能力以及通过敏感化了的感觉来加强自我意识，其确立的教育内容和手段是值得我们借鉴的。

在我国普通高中音乐课程教学中，对于高中音乐教学关于“感觉”及表象的研究也有一些，但用于具体指导高中音乐教学的方面相对不足，对高中音乐“感觉”及表象研究系统性不够。表象又叫观念，它是比知觉更高级、更复杂的感性反映形式。表象是过去感知过的客观事物的形象在人们头脑中的再现。例如，当一个人看过一部影片之后，在他的头脑中就留下了这部电影的生动形象，以后当他听到别人提起或从报纸上看到这部影片的名字时，即使这部影片已经很久不看了，但是在他的头脑中仍然会回忆起那部电影的生动形象来。这种在人们记忆中浮现出来的过去事物的形象，就是表象。

本课题的研究正是基于国外相关领域研究较成熟，对我们目前高中音乐教学很有借鉴意义，课题研究总体的任务是把高中音乐“感觉”及表象教学作为培养学生音乐审美能力的重要途径，以解决音乐教学中的实际问题。

2. 研究内容

（1）课题研究对象：以高中音乐课教学为研究对象。将课堂教学与音乐课外活动作为一个完整的教学整体，研究提高音乐课教学质量的方法。

（2）课题研究重点、难点：

课题研究的重点是：研究高中音乐教学通过“感觉”及表象的教学方法，使音乐教育转向培养情感和美化生活，转向客观面对音乐和主动与音乐打交道，即音乐教育是从面向艺术作品转向引进到音乐文化生活中，从而达到提高学生音乐核心素养的要求。

课题研究的难点是：

① 国内音乐“感觉的教育”相关研究不多；可借鉴的资料有限。

② 在以高考为目标的社会共识下，学生、家长及社会对音乐课的抵触。

③ 通过“感觉”及表象的研究，整合音乐教学资源，将音乐课延伸到音乐课外活动中，融入学生的音乐生活，建立多渠道的音乐“感觉”实践平台，利用音乐鉴赏、学校的交响乐团、合唱节、表演等载体等来实施课题研究，工作难度较大。

（3）课题研究总体框架：

① 课题研究问题的提出

当前高中音乐教学主要存在的问题：

第一，高中音乐教学的延伸性不够。音乐教学局限于课堂教学，没有形成系统的音乐教学体系。

第二，对高中音乐教学的方法研究不够。特别是针对新形势下学生学习音乐的特点、要求、趋向、接受方法等要素，采取有效的音乐教学法不多，使得学生处在被动的音乐学习环境中，难以融入音乐生活中。

第三，学校音乐课外活动作用不明显。音乐课程资源的利用欠缺，没有把它看成是音乐课程资源的重要组成部分，尤其是学生把大量的时间用在了文化课的学习上，忽视了音乐课的学习，学校在安排音乐方面的课外活动较少。

② 课题研究的目标

以音乐审美教育为中心的音乐教育思想从音乐理论、社会学理论及教学法理论方面得到了补充，提高学生的音乐核心素养成为我们音乐教育的重要内容，而落实这一内容，就要求音乐教师在音乐核心素养教学中努力去思考、去探索、去解决问题。

第一，本课题将着重研究以“感觉教育”为内容的高中音乐教学。通过听觉、视觉、知觉的表象转化，使音乐素材作用于学生的感官，转化为完整、清晰、稳定的表象，使学生在此基础上产生的情感体验更丰富、更全面、更强烈。从而提高学生的音乐核心素养。

第二，本课题将力求总结出高中音乐“感觉”的审美教学法。促进高中音乐教师的专业成长，采用调查、试验、分析、总结的方式，通过音乐教师在具体音乐课教学过程中自行总结经验、提升理论、探索规律，实现音乐教师在教学中的不断自我完善，创新音乐教学工作。

第三，本课题将在研究高中音乐“感觉”的审美教学法中，将学校音乐课外活动纳入音乐课程资源的重要组成部分，以音乐课外活动为载体，建立较为规范的音乐活动实践平台，满足更多学生的音乐学习需求。

③ 课题研究的内容

第一，本课题的研究是如何以高中音乐“感觉”及表象教学为途径，提高高中音乐教学质量，所要研究的具体内容是围绕教师在高中音乐教学中遇到的实际问题来展开，突出高中音乐教学“感觉”及表象实践中的可操作性、实用性。

第二，通过高中音乐“感觉”及表象教学，使学生易于接受音乐教育，通过学生的感受和心理活动，提高对音乐作品和音乐活动的认识，将这种认识转化为音乐核心素养，激发学生自我表现欲望。

第三，在音乐教学中，研究艺术的感染力，培养感觉及塑造个人周围世界的生活能力，培养理解社会现象和审美现象的能力，培养通过敏感化的感觉加强自我意识，体现个性表现和多面发展的特征。

④ 课题研究的依据

本课题的研究是对当前高中音乐教学方法的研究，探寻高中音乐教学在当前教学中通过音乐“感觉”及表象来实施教学的方法，体现音乐感觉环节的重要作用，构建适合开展高中音乐“感觉”及表象教学研究的方法。主要依据：

第一，感觉教育理论。

第二，最新课程标准。

第三，依据当前高中音乐教师的实际教学能力和学生的实际情况。

⑤ 课题研究的实施

课题组成员将按研究计划分工开展研究工作。选取不同地区具有代表性的5所高中学校作为研究基地，按照课题研究计划，分三个阶段具体实施，即开题、中期、结题。

⑥ 课题研究成果

第一，阶段性成果。在课题研究的第二阶段，取得了两个阶段性成果：一是初步形成音乐“感觉”教学方法。按照子课题分工，教师采用高中音乐“感觉”教学法，将探索创新音乐课堂教学与音乐课外活动结合起来，形成了“感觉”教学设计、教学案例；二是举行专题研究公开课。选择教师和学校举行专题研究公开课，形成音乐“感觉”教学示范课。

在课题研究的第三阶段，研究基地举办此课题成果展示（包括课堂教学、音乐课外活动、教学设计、研究报告、教师论文、获奖荣誉等）。

第二，最终研究成果（即《高中音乐“感觉”教学法研究报告》）。

3. 思路方法

① 基本思路

本课题研究将以高中音乐课堂及音乐课外活动为基础，从具体课堂教学和音乐课外活动得出客观结论，分析音乐用“感觉”方法教学中出现的问题，探究形成高中音乐教育完整的音乐感受与体验兴趣、音乐表达与表现、音乐交流与合作、音乐情感与审美、音乐文化与社会理解的各种因素，建立多渠道的音乐“感觉”实践平台，利用音乐鉴赏、交响乐、合唱、表演等载体来实施音乐教学，通过广泛的音乐教学与交流，结合国内外相关经典案例，将大量存在的客观“感觉”表象提炼、精选，以形成理论。

② 研究方法

实地调查法。按区域发放问卷，获取学生对音乐课堂教学和音乐课外活动的认识。

对比分析法。将“感觉”教学方法中的内容、组织形式、结果进行不同学校、不同学生、不同班级进行对比，进一步改进音乐教学。

经验总结法。严格实施阶段研究内容，分阶段、分层次、分项目进行总结。以汇报课、研究课 、公开课、论文形式定期交流总结。

③ 研究计划

分三个阶段：

第一阶段：组织课题组成员统一思想，查阅国内外音乐教学理论，开展调查摸底，确立课题实施方案。

第二阶段： 按照实施方案开展实践研究，通过课堂教学实践、音乐课外活动教学实践，充实和修改内容、总结、反馈后，再采用汇报课、展示表演、论文等方法进一步研究。

第三阶段：总结经验、提升理论、结题，形成研究成果。

④ 课题可行性

课题研究有较扎实的研究基础。本课题的研究从2012年就已经开始前期研究准备，并对这一问题进行了初探。

第一，课题组成员查阅和学习了日本、德国、美国、匈牙利等国及国内大量的高中音乐教学书和相关材料，并结合音乐教学实际进行了深入的调查研究。

第二，结合最新课标和提高学生音乐核心素养的要求，从理论与实践、数据与分析、方法与效果等方面积累了丰富的一手资料，为此课题研究奠定了扎实的基础。

第三，课题负责人教研理论、教研经验及组织能力优势明显。

第四，课题组成员结构合理。

4. 创新之处

本课题研究提出高中音乐“感觉”及表象的教学模式的概念，是用来破解高中音乐教学难点，为高中音乐教学提供一种有效的教学方法，并为高中音乐教师开展音乐教研构筑一个平台。

5. 预期成果

本课题最终形成较成熟的教学体系，并推广开来。

（三）高中音乐鉴赏课MAL综合艺术感教学法模式研究

1. 理论依据

（1）为培养学生创新意识和创新能力，通过MAL（音乐、美术、文学）综合艺术感教学，培养学生学会行跨学科综合运用知识，促进学生的全面发展、主动发展。

（2）通过音乐、美术、文学综合艺术教学，充分发掘学生感性潜能，激发学生自由表现和创作欲望，实现用音乐艺术表达感性与理性统一的要求。

（3）通过从整体的人格培养入手，从情感发展与认识发展相统一的观点出发，保证学生人格的自我实现。

2. 功能目标

（1）解决目前高中音乐欣赏课教学形式单调的问题。

（2）通过MAL教学，从引导学生情感入手，加深对音乐形象的体验。

（3）有利于加深学生对音乐作品的理解，发挥学生的智慧和才能，增强学生欣赏音乐的兴趣。

3. 实施模式

本教学法可将音乐、美术、文学的内容有机地结合起来进行教学，其中以音乐欣赏为主，同时兼顾美术的形象描述和文学语言的描述。通过组织教学、启发式的音乐知识教学、音乐作品欣赏和讲解，来展示学生自己的音乐形象；同时指导学生表演、绘画、作诗、朗诵，然后进行课堂检测小结等模式实现目标。

（1）组织教学

结合音乐课特点，运用灵活而富有哲理性的组织教学方式，如聆听音乐、展示画面、感受诵读等，创造出良好的教学环境。

（2）音乐知识教学

音乐知识教学，是综合音乐欣赏课的一部分。教师主要通过介绍音乐作品产生的历史背景、相关的典故和作品演奏使用的乐器等，使学生在思考的过程中掌握和理解。因此，教授音乐知识是提高学生音乐素质和能力的重要途径。

（3）欣赏音乐作品

欣赏音乐作品是本教学法的主要组成部分，目的在于使学生正正理解作品内涵。这一环节包括导入新课，激发学生欣赏乐曲的兴趣。继而通过音乐作品介绍、乐曲欣赏等步骤，开阔学生的艺术视野和加深对乐曲的理解程度，提高学生的鉴赏能力。

（4）检测与小结

在课程将要结束时，教师可和学生一起归纳本节课所学习的音乐知识要点，并提问检查。

4. 教学策略

（1）教师要具备文学、美术和音乐三方面的较丰富的知识底蕴，熟悉教材，明确要点、难点和教学环节。

（2）教师采用引导、启发等多种方法吸引学生重视教师演示，积极主动参与其中，从而获得音乐知识，把握乐曲内涵。

5. 教学评价

MAL综合艺术感教学法是音乐教学体现素质教育的一个切入点，借助多种手段，将音乐、美术、文学三方面知识融为一体，综合运用，从而使学生主动、活泼、生动地欣赏音乐，培养学生的审美情趣和艺术创造力。下面列举《流水》的示范课：

图六　示范课题

课题		音乐欣赏——古琴曲《流水》
作品简析		《流水》以生动的音乐形象，描写了壮丽的山川，抒发了宽广的胸怀和坚定不移志向。全曲共九段，第一段为子；第三段用泛音手法，表现出流水在阳光下轻盈亮晶的主题；第四段、第五段使用按音演奏，通过主题音调的变化发展，奏出如歌的旋律，似山泉汇江河，一泻千里；第六段、第七段又用滚佛手法演奏流水形象，似水势激越，从容不迫地汇入大海。此曲前呼后应，贯穿首尾；尾声又泛音演奏出主题音调，全曲结束
学情简析		当前高中学生有着强烈的审美要求，热切希望参与音乐生活，他们对音乐作品有了初步的理解并具有较高的欣赏品位
教学目标	知识目标	1. 认识古代乐器及有关乐器常识； 2. 了解祖国悠久的音乐文化知识； 3. 掌握《流水》主题音乐，体验古代音乐的韵味
	能力目标	1. 通过听、唱、写、画、讨论，引导学生从情感入手，加深对乐曲《流水》的音乐形象的体验，增强学习音乐的兴趣； 2. 培养学生主动分析思考问题的能力
	教育目标	通过对古代名曲的欣赏，了解我国优秀的文化艺术，培养热爱祖国优秀音乐文化的感情，弘扬民族优秀音乐文化的意义（出示投影片1）
重点难点		1. 增强学生对民族优秀音乐文化的学习兴趣； 2.《流水》的曲式结构
教学策略		综合进行引导启发教学，以学生为主体，以审美为核心
教学媒体		投影仪、音响、钢琴、古代部分乐器投影片、主题音乐投影片、课堂检测投影片

教学活动过程：

（1）组织教学

学习苏联教育家苏霍姆林斯基的格言：“音乐教育不是培养音乐家，首先是培养人。”（出示投影片2）

（2）音乐知识教学

古代音乐概述：介绍骨哨、陶鼓、石磬、编钟等古代乐器。（依次出示投影片3、4、5、6）

（3）欣赏音乐作品

欣赏两千多年前的音乐大师伯牙创作的由我国著名古琴演奏家管平湖演奏的乐曲《流水》。（出示“伯牙鼓琴、子期知音”的投影片7）

提问：你认为这首曲子可分几部分？（完整欣赏一遍乐曲，请学生回答）

教师进行作品分析：这首乐曲采用了传统的起、承、转、合四部分曲式结构。

第一部分“起”：开始是引子部分，简单的曲调引出后面的主题音乐，主题用泛音演奏手法（泛音是古琴主要演奏手法之一）。这段乐曲中的主旋律是 3̇·6̇ 5̇5̇|5̇ 1̇·2̇……大家想象这一段音乐表现的形象是什么？是泉水？还是江河？（学生答后，出示投影片8）

第二部“承”：用按音演奏手法（按音也是古琴主要演奏手法之一）。在这部分音中 3216̣ 3·3|33 33|216̣5̣ 1·1|11 11 ……十六分音符的流动是主题音乐的变化发展，旋律如歌，似山泉汇成了什么？（学生答……教师出示投影片9）

第三部分“转”：这段乐曲使人们感到惊心动魄，仿佛置身于群山和奔涌的激流之中。（出示投影片10）

第四部分“合”：又以泛音奏出主题音乐的片段，简洁轻盈地由动入静，给听众一种想象，似好的文章，言尽而意无穷，结束全曲。

（4）巩固与实践：视唱主题音乐，深刻体会古代音乐的韵味（出示投影片11）

教师（主要体现MAL综合教学法）：大家在完整欣赏这首乐曲的同时，通过自己的欣赏和理解，可以用绘画、写诗等方式来诠解这首乐曲，展示你们内心感受古琴《流水》的形象。同学们如果有兴趣的话还可以到黑板一侧用彩色粉笔画出自己的感受。

（5）课堂检测（出示投影片12）让学生回答：

① 本节课认识了几种古代乐器？

② 这首乐曲的曲式结构是什么？

③ 这首乐曲用什么乐器演奏的？是谁演奏的？

6. 课堂总结

（1）回顾本课要点：今天我们欣赏古琴曲《流水》，使大家认识了传统的“起承转合”四部分曲式结构，认识了部分古代乐器如古琴、编钟等，并且从情感上体验到了古代乐曲的韵味，希望这节课能激发同学们对古代优秀音乐文化的兴趣，大家可以借此多欣赏古代名曲，课下一起交流。

（2）布置作业，并提示下节课预习要求：

① 根据今天欣赏的作品，写一篇听后感。

② 预习第二节《梅花三弄》。

图七　板书设计

第二单元　古代音乐		
一、古代音乐概述	三、曲式结构	
认识部分古代乐器	起、承、转、合	学生粉笔画
二、欣赏古琴曲《流水》	四、巩固与实践	部分学生绘画展
管平湖演奏	五、检测与小结	

投影片

教学目标 1	音乐格言 2	古代乐器 3、4、5、6	
伯牙鼓琴、 子期知音7	流水画面 8、9、10	主题音乐 11	课堂检测 12

由于音乐教学方法的研究是一个极为广阔的领域，留给我们广大的音乐教师学习、探讨的空间非常大，以上音乐教学方法的研究只是一个缩影，并不是全部。但是，需要我们明白的是，音乐教学方法的研究空间大并不是深不可测，只要我们每一位音乐教师都积极参与音乐教学方法的研究，相信还会涌现出更多成果。

（四）高中音乐视听同步微课教学法研究

音乐课题的研究是为了解决音乐教学中存在的问题，也是为了提高音乐教学效果而进行的探索性工作。当前微课题的研究是一种新的课题研究趋势，它是教学过程中一个知识点或者一个环节的研究。也就是说如果一节课的研究是一个整体，那微课题就是这个整体中的一个节点的研究。

按照微课题的研究要求，结合音乐教学实际，以高中音乐视听同步为内容，我们来探讨一下高中音乐视听同步微课教学法研究。

1. 研究目标

为进一步提升学生核心素养中的审美素养，在高中音乐鉴赏教学中，尤其要强调提升审美素养，通过微课现代化教学手段，整合出视听同步相关的音乐教材，加强学生们对音乐审美的深刻理解和学习音乐的兴趣，从而会更好地发掘学生们的创新潜能，做到教学相长。使学生“具有发现、感知、欣赏、评价的意识和基本能力，具有健康的审美价值取向，能在生活中拓展和升华美等”。

2. 研究内容

（1）调研：通过高中音乐鉴赏教材中的内容进行音乐视听同步微课需求的问卷调查。

（2）研究：在高中音乐教学中，进行音乐视听同步微课实践探究。

（3）分析：通过部分音乐微课课例进行音乐视听同步微课和非视听同步微课的比对分析，找出问题，不断完善高中音乐视听同步微课教学。

（4）总结：采用音乐视听同步微课教学法，使学生高效掌握高中音乐鉴赏课程中的知识。

3. 研究措施

（1）由课题负责人负责制订音乐微课题研究计划，组织成员进行分工，对研究全过程实施落实、检查、监督，定期进行阶段性总结讲评和研究分析会。

（2）由课题组成员负责相关研究资料收集，落实问卷调查，进行研究数据统计，保证课题研究所需的教学资料完整。

4. 研究方法

（1）问卷调查法：依据教材中部分单元内容，从高中音乐视听同步微课方面设计问卷调查。

（2）数据统计法：从高一级部学生问卷答案中，统计视听同步微课数据。

（3）实践探究法：依据统计大部分学生喜欢的音乐视听同步微课数据，制作相应的视听同步微课课件，然后进入视听同步微课课堂教学实践体验和探究。

（4）问卷反馈法：从高一级部学生问卷答案中，统计高中音乐视听同步微课教学实践后的反馈数据。

（5）经验总结法：依据学生对音乐视听同步微课教学调查的问卷，进行全面总结，并在一定区域推广高中音乐视听同步微课教学法。

5. 预设成果

通过高中音乐视听同步微课教学法的实践探究，尽快提升学生的审美素养，使学生更喜欢学习音乐、更深刻去理解音乐。

6. 研究步骤

（1）准备阶段：准备音乐视听同步微课需求问卷调查。

（2）实施阶段：制作部分高中音乐视听微课同步教材。

（3）总结阶段：建立音乐视听同步微课教材成果库。

7. 高中音乐视听同步微课教学法研究案例

2017年10月在青岛第五十八中学，我们为全市高中音乐教师展示《崇高美与欢乐美》音乐视听同步公开课。青岛市教科院音乐中心组成员作为评议专家给予了高度评价，全市高中音乐教师进行了现场观摩。

（1）课题论证情况概述

① 通过高中音乐视听同步微课教学法的实践探究，进一步提升学生核心素养中的审美素养，在高中音乐鉴赏教学中，尤其要强调提升审美素养。

② 利用微课现代化教学手段，整合出视听同步微课的音乐教法，加强学生对音乐审美的理解和学习音乐的兴趣，从而更好地发掘学生的创新潜能。

（2）课题研究主要进展

在2017年5月立项之前，音乐课题组就收集问卷调查和视听同步等相关资料，在立项之后，进行了问卷调查、实践探究、总结归纳等相关工作：

① 问卷调查：从高一级部的学生中进行了问卷调查，问卷调查的内容是：

A. 你对视听同步的微课形式了解吗？

a. 不知道　b. 只是听说　c. 知道

B. 音乐课你最喜欢的授课方式是什么？

a. 教师讲述　b. 观看视频　c. 视听同步

C. 在音乐教材中你最不喜欢的音乐是？

a. 古代音乐　b. 欧洲音乐　c. 现代音乐

D. 在音乐教材中你最喜欢的音乐是？

a. 古琴音乐　b. 戏曲音乐　c. 摇滚音乐

在问卷调查中，85%的学生喜欢视听同步的微课形式，15%的同学对微课名称概念模糊。

② 实践探究：在高中音乐教学中，运用音乐视听同步微课教学法去制作课

件。课件内容选择学生不太好理解但还很有代表性的高中音乐鉴赏课中的重点、难点知识，同时收集资料，让学生更直观生动地去鉴赏这些音乐作品，从而不断加深实践探究。

③ 总结归纳：由课题组成员落实问卷调查，进行课堂研究数据统计，并进行反思总结。

（3）取得的阶段成果

① 2017年8月课题组撰写论文《浅谈音乐核心素养及培养》发表在期刊《教育理论与实践》第23期。

② 依据高中音乐视听同步微课教学法制作出《京剧中的念白》《戏曲》《编钟》《摇滚介绍》《高山流水》《劳动号子》《走进古琴》《作曲技法——鱼咬尾》八个高中音乐视听同步微课课件。

第五章 高中音乐教学方法实践

我们学习和研究高中音乐教学方法，最终的目的是要将学习到的理论和研究的方法运用到实际教学中，以期提高音乐教学效果，达到音乐教学大纲所设立的音乐教学目的，真正让学生受益。高中音乐教学方法的实践主要有两个途径，即音乐教学课堂实践和音乐教学课外活动实践，其中以音乐教学课堂实践为主，以音乐教学课外活动为补充。那么，如何做好这些工作呢？这就是本节所要讲的高中音乐教学方法的实践。

一、精心设计音乐综合课

在高中音乐教学中，普遍采用的课型是综合课。综合课是指在一节课中采用多种教学方法，完成教学中各环节设定相应教学目标任务的音乐课。例如在一节音乐课中，要进行欣赏音乐作品、认知音乐常识、歌唱、讨论、音乐创意等教学内容，对应的就会有不同的教学目标。对以上内容进行精心设计和合理安排，使学生在感受着“新”和“兴趣”中愉快地度过一节音乐课。

精心设计课堂结构是优化中学音乐综合课的关键。音乐课的结构通常包括组织教学、导入新课、学习新课、分析讨论、技能练习、复习巩固、概括总结等几个方面。但音乐综合课的结构不是固定不变的，教师要注意在教学内容搭配、教学环节安排、教学时间分配、教学重点处理、教学方法运用等方面创造性地灵活安排，使每节课有所创新，避免生搬硬套。

（一）组织教学

教师要在教学中创设情境，采取多种方法组织教学，激发学生的情绪和兴趣，促使学生在课堂始终保持良好的情绪和愉悦的心情。在组织教学时，形式上要给学生有新奇感，可以名人或作者的趣闻轶事开头。例如：在欣赏中国舞剧《红色娘子军》选曲的组织教学中，首先有指向性地播放一段精彩的西方芭蕾，让学生带着兴趣去欣赏。然后再用对比的方法，播放一段舞剧《红色娘子军》中的精彩片段，使学生在轻松中认识中国的舞剧、舞剧音乐及舞剧特点。这样就能将学生的注意力集中到课堂教学上来，激发学生的求知欲望，创设良好开端。

（二）合理安排教学过程

音乐教学过程是教师的教和学生的学组成的双边活动，是教学内容和教学手段在双边活动的客观依据和物质保证，是圆满实现音乐教学目标的关键。

首先要设计好教学程序。如在唱歌综合课中，大致程序可有：① 组织教学；② 综合训练（包括发声、视唱、练耳、节奏等）；③ 导入新课；④ 示范演唱；⑤ 歌词讲读；⑥ 指导读谱；⑦ 填唱歌词；⑧ 歌曲演唱与艺术处理；⑨ 联系实际开阔视野；⑩ 课堂小结。当然，这些环节并非每节课都要全部开展，可以根据实际需要做适当调整。在设计教学过程中，特别要注重联系实际开阔视野这一环节。例如：学唱山东民歌《沂蒙山小调》。在这节课的联系实际开阔视野环节中，教师可采用多种视听方法，引导学生了解沂蒙山区的地理位置、风俗、方言、生活特点等，再让学生观赏一段沂蒙山区人民生产劳动、赶集或其他的场面。

其次是优选教学方法。优选教学方法，主要依据学生的实际状况，如音乐素质教好的学生，在学习音乐理论知识时，可采用提示难点法、比较法；一般的学生可以采用提示法、情境创意法。

（三）动静结合

优质的音乐课，应当动中有静，静中有动，能在愉悦中寓教、愉悦中施教。教师要善于将作品本身蕴含的教育内涵用恰当的教学方法给予展现；善于营造良好的教学氛围，促进学生积极参与创新思维；善于用现代化多媒体教学，选择恰当的片段让学生欣赏，使学生在获得直观而清晰的音乐形象中，产生丰富的创新意识。

例如：欣赏《伏尔加船夫曲》之前，先展示列宾的油画《伏尔加河上的纤夫》，给学生以直观的画面感受；在欣赏这首歌曲的同时，要提示学生这首歌曲力度由弱而强、由强渐弱到最弱的变化过程。让学生体会到随着歌曲力度变化的同时，画面也由远而近、由近渐远直至消失的场面。在演唱这首歌曲时，注重让学生体会声音的强弱在音乐表现中的作用，能让学生用歌声表达这首歌曲的内涵和激情。

一节优秀的中学音乐综合课，从课的精心设计到课的合理安排，无不渗透着教师的独创性和个人风格，而这独创性和个人风格，体现了教师本人的教学艺术。教学艺术的实质，又是教师将教学规律与创造力、审美价值相结合，并在教学中充分体现。因此，只有正确运用教学规律，精心设计、合理安排课堂结构，才能优化中学音乐综合课。

二、音乐鉴赏中的学生主体教学

音乐课程标准要求我们：学校音乐教育要以审美教育为核心，以学生为主体，以开发学生智力、提高综合能力、促进学生个性心理健康发展的素质教育为目的。彻底改革以音乐为目的的专业音乐教育思想，改变以教师为中心，以单纯知识、技能传授的教学思路。

音乐鉴赏课如何体现以学生为主体，音乐教学方法非常重要。音乐教师在课堂教学中，要以学生为主体，构建和谐的课堂气氛，鼓励性地评价学生，突出学生的个性，发挥学生的主体作用，让学生更好地接受审美教育，使音乐鉴赏课更加生动、充满活力。培养学生终生对音乐鉴赏学习的兴趣和实用能力。

“外因是变化的条件，内因是变化的根据，外因通过内因而起作用。”对于教师设计、构思的教学内容，只有当学生这个主体愿意接受时，才能实现教学目标。相反，如果学生不去接受教师的设计、构思，教师下再大的功夫也是白费心思。因此，为了有效地体现新教改理念，真正做到以培养学生的审美、创新意识为目标，教师必须在设计、构思及实施课堂教学中，始终体现以学生为主体的原则。

（一）营造和谐气氛，积极鼓励评价

音乐学科的最大特点是一种艺术熏陶、美的教育。因此，融洽和谐的课堂气氛尤为重要。我在长期的一线音乐鉴赏教学中，多次听过同行们的音乐鉴赏课，在向教师们学习的同时也发现了一些问题。例如：有的音乐鉴赏课，为了保证课堂纪律，教师往往会管得严而死板。学生稍有小声随便讲话或做小动作时，教师即严厉批评。这样，纪律可能是管好了，学生都服服帖帖端坐着，但学生们看到老师那严肃的表情，心里是紧张的，还谈何美的艺术享受？更谈不上激发学生的创新潜能。当然，我并不是想表示音乐课不要纪律，而是想说明要通过什么样的方式来维持纪律。是训得服服帖帖的端坐着呢？还是被音乐鉴赏课中的内容感染得全神贯注……还有的音乐鉴赏课，学生在积极回答问题时，话还没说完，教师就急促打断学生的发言，甚至连句鼓励的话语都没有就让学生坐下，可想这位学生的激情还会有吗？其他同学看到这情境，还有回答问题的勇气吗？这节课还能体现以学生为主体吗？这位教师让学生起来回答问题只是想给听课的教师说明这节课中设计了教师与学生的双边活动，但实际体现的还是教师一言堂，并没有真正体现新教改所倡导的“鼓励赏识教育”的教学理念。

体现以学生为主体，关键在于激发学生的创新潜能，那么，教师要考虑怎样去

评价学生呢？怎样去启发、引导学生大胆地创新思维呢？只有用鼓励和赏识的方式去评价学生，在学生充满自信的基础上，才能使学生有新的思路，从而使新教改理念融入到音乐鉴赏教学中。还有的教师习惯于同学一定要按教师的答案回答问题才是正确的，否则教师千方百计地启发、诱导学生按老师的思路去回答。在音乐鉴赏教学中，音乐只是一种感受，是由感而发、是非语义性、非具象性、是没有标准答案的。因此在评价学生回答的问题时，不应该武断地评价对与错，因为任何人都有权利拥有自己的感受。学生的一些想法与理解不一定很准确，但这毕竟是他们经过思考所产生的想法，如果一味地强调准确性，这样就会抹杀掉学生们许多灵感，让他们变得思路闭塞，那也就无从谈起发挥学生的主体性了。相反，如果教师根据学生的心里需求，营造和谐的课堂气氛，采用积极鼓励的评价方法，肯定学生积极思考的精神，并让学生充分发挥想象力，寻求其他答案，我想，同学们非但不会消极沮丧，反而还会更积极地去感受、思考、拓展自己的思维空间。

（二）体现个性特点，传授技能知识

音乐鉴赏教学中，不但要培养学生的听觉、感受、表演与创作的能力，还要注重对学生进行基本乐理知识和音乐技能的传授。综观中学音乐鉴赏教学，由于长期受应试教学模式的束缚，课堂上仍徘徊在重教师讲解、重教材知识传授，以教师为中心，学生被迫当“听众”这种个性发展受到压抑的现象。因此，在音乐鉴赏教学中，我们应明确师生应是主导和主体的关系，应以审美教育为核心，以开放性的课程体系为切入点，以合作学习为动力，构建既体现个性发展又融知识与活动为一体的融洽学习氛围。

例如：在鉴赏歌剧《卡门》序曲时，有的同学问：“老师这段乐曲怎么总是多次重复相同的旋律？”教师用通俗易懂的语言边哼唱主题音乐，边给同学们讲解这种演奏曲式结构叫：回旋曲式。接着，让学生分组创编类似这种歌剧《卡门》序曲的曲式结构形式，学生结合这种回旋曲式的结构形式创编了较简单的剧情歌词，再将歌词配在他们喜欢并且会唱的通俗歌曲旋律中。上台表演时，台上的同学在演唱，台下

的同学用部分相同的旋律、简单歌词回应台上的同学演唱，同学们的热情高涨，表演得非常投入，效果很好。用这种融乐理知识于音乐活动中的方式，不仅使学生记住歌剧《卡门》序曲中回旋曲式结构的乐理知识点，还调动了全体学生创编音乐的积极性，发掘了每个学生的音乐艺术的创新潜能。

发挥学生的主体作用，应该成为教育工作者的自觉追求，因为教育的真意就是价值引导与自主构建的统一，只有发挥学生的主体作用，才能促进学生积极地、乐观地面对生活与人生；只有发挥学生的主体作用，才能让学生更好地接受审美教育，才能培养学生终生对音乐鉴赏学习的兴趣、愿望和能力。

三、民俗音乐文化在传承教学中的音乐教学方法

音乐教学是极为生动、极富活力的教学，如何提升学生的民俗音乐素养，让他们不仅把民俗音乐作为一种知识来学习，得到认知上的提高，更视民俗音乐为生活中的一部分，是高中音乐教学的一大课题。为此，音乐教师除教好教材中的知识内容外，还应该有对民俗音乐课的创新构思与设计。音乐课还应增加贴近学生生活实际的民俗音乐文化内容，让学生了解民俗音乐，喜欢民俗音乐，使民俗音乐融入学生的学习生活中。在民俗音乐教学中，首先从最基础的本地区的民俗音乐开始，如山东省的学生应首先了解山东的民俗音乐，应引导学生结合生活来学习山东的民俗音乐知识，引导学生关注民俗音乐，培养学生尊重民俗音乐文化的情感。

（一）收集民俗音乐

教师课前布置给学生搜集民俗音乐资料的任务，下节课前五分钟让同学尽量能通过音乐表演的形式上讲台演讲，民俗音乐的收集可以通过口头、电视、上网、书报、音像制品等途径获得。鼓励学生采用自己喜欢的途径和方式，以个人或小组的形式进行收集。鼓励学生持之以恒地开展收集活动，提供他们更多的交流和展示成果的机会，以增强他们的信心，获得心理满足。在收集活动中，他们的合作精神、实践能

力也随之得到相应的发展与提高。

学生在搜集民俗音乐的过程中接触到许多民俗音乐背后动人的故事情节，这一切对学生将是一种莫大的收获。搜集民俗音乐的过程使学生更加了解民俗音乐、喜爱民俗音乐，对民俗音乐的审美情趣得到提高。他们的最大感受必然是：传承本民族的民俗音乐是如此重要。

（二）尝试民俗音乐

在民俗音乐社会生活实践中，学生对民俗音乐的审美能力、人文素养得以提升，为其终身热爱民俗音乐、热爱生活奠定良好的基础。例如：在设计民俗音乐其中的一课时，教师先将山东三大秧歌（鼓子秧歌、胶州秧歌、海阳秧歌）通过视频播放给学生观赏，启发引导学生通过画面的音乐、服饰、道具让学生命名。这时学生们七嘴八舌：渔民的乐、欢庆、鼓乐、跳起来、彩绸舞起来等等，这时教师引导出这就是被入选为我国第一批非物质文化遗产的山东三大秧歌：鼓子秧歌、胶州秧歌、海阳秧歌，从而引导出本节课的课题 —— 山东三大秧歌。授课中，教师教学生们学跳三种秧歌的基本舞步，归纳出山东三大秧歌的相同点与不同点以及体味人们在节庆时的喜悦心情，以及饱满充实的精神世界。学生们在学跳秧歌舞蹈中认识了山东的三大秧歌。再如：在学唱山东的地方戏曲《李二嫂改嫁》的唱腔过程中，教师要引导学生体味生活中遇到挫折要敢于面对，要坚强、乐观地面对人生。剧情中的主角李二嫂，她自信的面容、朴素的真情、坚毅的品格、执着的精神会让学生获得深刻的生活启迪。在让学生总结这节课的感受时，有位女同学这样说：“我生活在一个单亲家庭中，妈妈下岗，生活艰辛，我和妈妈很痛苦，妈妈几度失去生活的信心……这节课促使我要告诉妈妈，让她尽快参与社区的音乐文化生活，了解更多的民俗音乐文化，在充实精神生活的同时，激起妈妈对生活的信心和热爱。”可见，民俗音乐是促使学生直面人生、热爱家乡、热爱生活、塑造完美人格的活生生的教科书。

教师有意识地培养学生主动关注丰富多彩的民俗音乐生活并积极参与其中的意

识和能力。如参与学校、社区、团体、电视台组织的才艺表演或群众性舞台活动；到剧院、广场观看现场民俗音乐演出，与家人、同学、朋友结伴参加具有地方特色的庆典、民俗活动，如元宵节、端午节等等。这对于学生开阔视野、丰富学习生活、完善人格、树立积极的人生观都是大有裨益的。

四、音乐教学方法在课外活动中的体现

在高中音乐教育阶段，由于受课时安排的限制，可利用的课堂时间非常少，在音乐教学任务内容多、难度大的情况下，有效利用好学生的课外活动时间，不失为课堂教学的一种良好补充。因此，我们必须利用好课外活动这种特殊的音乐教学方法，通过开展多种形式的音乐课外活动，让学生得已亲身实践，发掘学生的创新意识，培养学生的创新能力。

（一）音乐课外活动的基本特点

1. 音乐课外活动是音乐教学的重要组成部分

普通高中学习阶段，音乐学科的教学同其他学科一样，是纳入全校的整体教育教学计划中的。音乐教师要制订明确的音乐课外活动计划，安排好课外活动的时间、地点、内容，使音乐课外活动能够正常实施。

2. 有助于音乐教育的普及

制订音乐课外活动计划，要坚持普通高中的音乐教学目标，主要是培养人而不是培养音乐家，高中学生的音乐活动主要以普及为主，要兼顾大多数学生的兴趣，开展普及性的音乐宣传活动。

3. 有助学生展示个性

高中生不同于初中生，他们的思想意识及观念更加成熟，他们对事物的认识具有较强的主动性、独立性和创造性，不再被动接受教育。因此，要注重培养学生中的积极分子和骨干力量。

（二）音乐课外活动的几种形式

1. 专题音乐鉴赏讲座

利用课外活动时间，定期开展音乐鉴赏讲座活动，是学生身心得到健康发展的良好方式，是音乐教学的一种拓展。讲座可介绍中外音乐家及相关的音乐作品、音乐常识、乐理知识，并开展小指挥和教歌员培训等活动，让学生从中学习到更多的音乐知识，更深刻地感悟音乐艺术美的内涵，提高学生对音乐的鉴赏水平。

2. 成立学校合唱队

成立合唱队是学生学会合作、树立团队意识重要方式。合唱队主要以男女生混声合唱为主，合唱队员一般定在30人到80人为宜。组织歌咏比赛，也可采用独唱、小合唱等表演形式。

3. 成立学校乐队

校乐队一般常见的有管弦乐队、民乐队、铜管乐队等，乐队规模的大小根据校情而定。在组建乐队时，尽量使乐队构成合理，使乐队的声部结构尽可能完备，音响基本平衡，各种乐器音色相互融合、对比丰富。乐队可每周用一个课外活动时间进行排练，通过乐队队员的视奏、音准、节奏感和合奏能力等多方面的培养，最终能熟练完整地进行演奏。同时，也可组织器乐比赛活动以提高队员能力。

4. 组织开展文艺活动

学校可利用课外活动时间，多组织文艺活动，这些活动最好能综合音乐、美术、文学、舞蹈等各学科，这样既能展现学生个性，又能培养学生的文艺天赋，从而完善学生的人格教育。

（三）课外活动的要求

课外活动是课堂教学的补充，在实际教学中，要合理分配两者的使用时间，课堂教学不能回避课外活动，课外活动也不能取代课堂教学。有的教师认为音乐课堂教学要求高，在备课中需要做大量的准备工作，但音乐教学效果不理想，因此选择大量音乐课外活动，认为音乐课外活动要求不高、随意性大、好组织。还有的教师认为音乐课堂教学虽然要求高，但因为是正课时间，学生从思想上比较重视，易于管理学生，而不重视课外音乐活动的开展，甚至很少组织音乐课外活动。这两种做法均不正确，教师必须认识到课外活动与课堂教学之间的关系，合理搭配、合理补充。另外，需要注意的是，组织音乐课外活动时间不易太长，一般控制在一小时以内，内容要丰富多彩，尽可能使每一位同学都参与到活动中来，切勿冗长乏味和过渡消耗学生的体力。

五、音乐鉴赏课中的情境法教学

音乐鉴赏课情境法的教学，应以素质个性化的培养目标为导向，以开放性的课程体系为切入点，以激励性评价、集体的合作学习为动力，构建“自主、合作、创造”的音乐鉴赏课。

（一）创设情境——自主性学习

自主性学习是指在教学过程中引导和激励学生的自觉意识，使学生乐学、会学，从而发展个性品质。

1. 激发兴趣，调动学生参与意识，使学生“乐学”

例如：在鉴赏《音乐能告诉我们什么》这节课时，在导入新课时，首先选两首学生较喜欢的歌曲——《向天再借五百年》和《风中有朵雨做的云》，让学生感受音乐对自己的心理活动的影响；然后再选三个不同的乐曲让学生感受内在的情绪从而暗示学生去感知音乐的非语义性和非具象性。最后导入本节课的重点：如果音乐不能明确告诉我们音乐表现的究竟是什么，那么音乐的魅力又是什么？答案是音乐的魅力就是音乐不能明确告诉我们表现的究竟是什么。这节课通过音乐鉴赏，使学生们的热情高涨，兴趣大增，关键重在过程，选用的音乐作品又是学生喜欢的、听得懂的，这样学生自然乐学。

2. 培养自主学习的能力，让学生“会学”

在音乐鉴赏课中，如何使学生在整个过程中 “会学”呢？如在欣赏《黄河大合唱》节选时，学生用音乐要素对作品边听边分析、边体验，感知音乐作品的艺术形象，接受潜移默化的艺术感染，培养学生参与鉴赏音乐的能力。

（二）创设情境——合作性学习

合作性学习是指在教学中建立平等、合作的师生关系，建构师生合作教学，使学生在合作学习的活动中，学会参与、学会关心、学会竞争。

1. 营造合作学习的课堂气氛

在音乐欣赏课中，最好建立课堂学习小组，运用较多的小组讨论和创作表演形式，恰到好处地发挥学生的创造力和想象力。在教学过程中，教师不能只关注答案的对和错，而是要引导学生去理解、去讨论、去发表自己的观点。在创作表演的过程中，教师要积极地引导学生参与到创作活动中去，凡是符合角色形象的表演，都给予充分的肯定，对一些能力比较差的同学要加倍呵护和鼓励。因此，创设“合作性学习”的教学情境，不仅培养了学生的主动性，也锻炼了大家的创造能力，使学生真正成为学习的主人。

2. 营造创造性学习的环境

创造性学习是指在教学中创造活跃、民主的课堂气氛，鼓励学生多想、多问、多做的教学模式。教学中，既要注重发展学生的想象力，又要注重给予正确的启发诱导，使学生的创造性思维能力得到发展和提高。当学生通过听觉、视觉及想象、联想，对所鉴赏的作品有了一定程度的理解后，可让学生动手、动口、动脚，继续提高音乐鉴赏能力。

（三）创设情境——激励性学习

1. 用现代音乐构建音乐鉴赏的“桥梁”

目前学生对音乐的喜爱是多元化的，仅仅局限于教材内容授课既不能激发学生的学习兴趣，又不能满足学生的求知需求，由此教师必须拓展自己的专业知识，先人一手，早人一步，在学生之前多涉猎与时代同步、与学生同步的教学资源，具体授课时在完成教材中要求鉴赏内容的同时，穿插介绍一些与之相关的近期的新颖的音乐资料或音乐信息，拉近音乐与学生之间的距离，使学生产生探求音乐的兴趣基础。教师将这些现代的音乐内容和教材内容有机结合在一起授课，能使学生对音乐鉴赏课的兴趣大增，这就如同给音乐课堂注入一支清新剂，让师生打成一片，使学生有兴趣、有动力地投入音乐，充分发展了学生的创造力和想象力，在增强学生自信的同时也建立了师生间、学生间的信任。这种教学方式既活跃了课堂气氛，又加强了教学效果。使教学作为使者、使内容作为桥梁，使教师与学生、使课堂与教学形成有机整体。

2. 学会引导学生走进音乐鉴赏

采用多种音乐体裁引导学生至进行音乐鉴赏，是提高学生审美能力的纽带。如流行音乐的节奏和内容符合高中学生生理和心理发展特点，学生们爱看、爱听、爱唱，同时他们迫切希望怎样才能将流行歌曲唱得好听、如何提高自己的演唱水平、如何在发声方法与技巧方面得到老师的指导等等。教师在讲流行音乐时，要在课堂实践讨论活动多留给学生一些时间，让学生学唱、讨论、评价一些健康向上的流行歌曲。

（四）创设情境——兴趣性学习

1. 通过多种有效途径激发学生学习兴趣

遵循听觉艺术的感知规律是激发学生的学习兴趣的重要手段之一。音乐是听觉艺术，听觉体验是学习音乐的基础。在教学中，要注重发挥音乐这一特有魅力，吸引学生参与到音乐鉴赏中来。

利用多媒体教学创设教学意境，既是学生较为喜欢的一种方式，又有助于表现音乐的听觉体验，课件要力求巧妙完善，美观艺术，能起到引领学生提高音乐鉴赏能力的作用。例如：在鉴赏《培养音乐的耳朵》时，教师首先设计播放四种不同类

型的歌曲，再配上与歌曲相同的画面，学生通过歌曲内容、画面的欣赏后，很容易就分出了音乐类别。通过多媒体中视听相结合的手段，使学生对音乐鉴赏课有了浓厚的兴趣。

2. 培养学生自信，让学生享受成功的快乐

现代教育理念认为：一个人在校的学习方式，必然会与他明天的生存方式保持某种内在的一致性，而培养自信正是这种一致性的切入点之一。因此，在教学活动中，教师应该努力创设情境，为学生培养自信、享受成功快乐搭建平台。有的教师是这样创设情境的：她在上音乐鉴赏课时，发现同学们从不举手回答问题，后来渐渐了解到其他学科也如此，都是老师提问，久而久之养成了不敢大胆举手回答问题的习惯，也就没有了自信。老师知道内情后，决心给他们改过来，开始老师提出问题要求举手回答，全班同学沉默很长时间后，才会有一个同学为了打破这种局面而举手回答，这时老师及时给予表扬鼓励，后来学生逐渐积极，有时举手的同学多到老师都提问不过来，学生们的自信有了，师生共同享受了成功的快乐。

3. 模拟实景亲身感受

模拟实景是有效提高音乐审美教学的途径之一。让学生多听、多想，不仅有利于其想象力的发展，更能促进其创造思维的发展。例如：鉴赏山东民歌《沂蒙山小调》时，教师采用多种视听方法，引导学生了解沂蒙山区的地理位置、风俗、方言、生活特点等，再让学生观赏一段沂蒙山区人们生产劳动、欢庆节日、赶集热闹的场面，启发、引导学生进行创意。全班学生扮成沂蒙山区农民的角色，用当地方言哼唱着《沂蒙山小调》，模仿一段劳动打夯、赶集买菜的热闹场面。这样，通过全体学生的参与实践，加深了他们对山东民歌《沂蒙山小调》及沂蒙山区多层面文化的了解，使学生在愉快的气氛中进行再创作的表演，得到听觉、视唱、记忆、想象等多种能力的培养。

后记

在《国家教育事业发展“十三五”规划》中指出：“从教育领域看，当今世界教育正在发生革命性变化。确保包容、公平和有质量的教育，促进全民享有终身学习机会，成为世界教育发展新目标。”“教育模式、形态、内容和学习方式正在发生深刻变革。”面对这一新形势及新要求，改进教学方法、提高教学质量已成为我们音乐教学工作的重要任务。

在音乐教学中，学生的学习效果与音乐教师对音乐教学方法创新意识、对自身教学技能的掌握、对音乐教学的实践、对音乐教学经验的总结等因素密切相关。音乐教师要针对学生学习的具体实际，合理运用音乐教学方法，让学生学会学习，自觉地去学习音乐知识，掌握音乐技能与技巧，提高音乐审美能力，使学生得到音乐艺术熏陶，为培养“全面发展的人”奠定坚实的基础。

本书从实践和应用的角度，本着通俗易懂的写作原则，对音乐教学方法进行了较为翔实的阐述，特别是针对高中音乐教学方法的选择和应用、研究和创新、体验和实践等方面进行了较为具体的论述，以期能为广大的音乐教师在音乐教学方法的应用方面提供帮助。